中小学教育智慧文库
ZHONGXIAOXUE JIAOYU ZHIHUI WENKU

幸福教育
品牌学校的探索与实践

杨森林　龙北渠◎著

暨南大学出版社
JINAN UNIVERSITY PRESS

中国·广州

图书在版编目（CIP）数据

幸福教育：品牌学校的探索与实践/杨森林，龙北渠著. —广州：
暨南大学出版社，2022.11
（中小学教育智慧文库）
ISBN 978 - 7 - 5668 - 3454 - 6

Ⅰ.①幸…　Ⅱ.①杨…　②龙…　Ⅲ.①中小学教育—教育研究
Ⅳ.①G632.0

中国版本图书馆 CIP 数据核字（2022）第 111724 号

幸福教育：品牌学校的探索与实践
XINGFU JIAOYU：PINPAI XUEXIAO DE TANSUO YU SHIJIAN
著　者：杨森林　龙北渠

出 版 人：张晋升
责任编辑：高　婷
责任校对：刘舜怡　林玉翠
责任印制：周一丹　郑玉婷

出版发行：暨南大学出版社（510630）
电　　话：总编室（8620）37332601
　　　　　营销部（8620）37332680　37332681　37332682　37332683
传　　真：（8620）37332660（办公室）　37332684（营销部）
网　　址：http://www.jnupress.com
排　　版：广州尚文数码科技有限公司
印　　刷：佛山市浩文彩色印刷有限公司
开　　本：787mm×1092mm　1/16
印　　张：11.5
字　　数：210 千
版　　次：2022 年 11 月第 1 版
印　　次：2022 年 11 月第 1 次
定　　价：49.80 元

（暨大版图书如有印装质量问题，请与出版社总编室联系调换）

前　言

中国教育学会副会长、北京十一学校总校长李希贵在《学校如何运转》扉页上写着："撬动油门而不是推轮子。"在学校发展过程中，品牌学校的创建就像是打开引擎、撬动油门，为学校发展提供源源不断的动力。

"品牌"是美国广告大师大卫·奥格威于20世纪50年代提出的概念。随着经济社会的发展，"品牌"作为经济学概念也逐步进入教育领域。我国品牌学校专家闫德明在其著作《学校品牌概论》中指出："学校品牌是一所学校在长期的教育实践过程中逐步形成并为公众认可、具有特定文化底蕴和识别符号的一种无形资产。"品牌之于学校，是提升核心竞争力的关键，是办学水平和办学特色的集中体现。一所品牌学校必须具备质量高、有内涵的特征，而真正称得上品牌的教育必然是优质文化引领的教育。

在我国深化教育改革的形势下，为扭转"千校一面"的局面，打造品牌学校成为中小学"办出水平、办出质量、办出特色"的风向标。然而，当前部分中小学的品牌建设往往碰到许多困惑，如同质化、口号化、标语化、空洞化等。学校的品牌建设很难发挥学校的特色，具体表现为：容易群起效仿，在品牌定位上，缺乏差异性与核心竞争力；在品牌内化上，本末倒置而忽视教育性；在营建策略上，品牌建设表象化；在实施过程中，品牌建设缺乏可持续性，管理模式同质化，缺乏办学活力。为此，应进一步强化学校品牌意识，构建学校品牌形象，形成学校品牌文化，提升学校的知名度和美誉度。

建设品牌学校并非一日之功，需要长时间的苦心经营。一要"于无声处听惊雷"，以敏锐的洞察力挖掘学校品牌发展的"增长点"；二要"借他山之石，琢己身之玉"，学习其他品牌学校的有效经验，根据本校的特色，形成自身的品牌战略定位与发展规划；三要"咬定青山不放松"，坚持解放思想引领学校教育改革创新，勇毅前行。近年来，东莞市石龙第三中学（以下简称石龙三中）以文化传承与品牌发展为核心，追本溯源，大力推进"幸福教育"品牌的建设。在幸福教育理念下，学校立足学生的幸福成长，构建"幸福教育"发展框架，在环境、课程、科研、活动、德育等方面精准发力，为师生营造沉浸式幸福体验。经过全校师生的共同努力，石龙三中实现了从一所薄弱镇办中学变成东莞市首批品牌学校的跨越式发展，成功践行了幸福教育，并在 2020 年组建了东莞市石龙第三中学教育集团，集团内成员校及托管、支教、扶贫、联盟达 20 所，担当起品牌学校引领、示范的责任，正朝着"国内立项目，省内争上游，市内创一流"的目标迈进，为区域教育优质均衡发展助力。

为更全面且深刻地认识学校品牌建设并总结自身经验，本书第一章从理念与文化定位的高度论述为什么及如何创建品牌；第二章抓住课程与课堂这一学校教育核心，论述品牌课程如何让学校品牌得到深化；第三章从教育科研入手，探索教育教学研究与教师专业发展在品牌学校建设中的重要性及策略；第四章将落脚点放在管理与辐射上，从管理精细化、名师生辐射化、影响力扩大化三大方面阐述品牌运营如何在品牌学校建设中发挥作用。书中采用理论与案例相结合的形式，既阐述了品牌学校的相关理念、分析了学校品牌建设的问题，又结合国内外品牌学校的做法举例探讨，并以东莞市首批品牌学校之一的石龙三中作为主要研究案例，以期探寻品牌学校建设的路径。

不论是石龙三中幸福教育建设的经验，还是国内外各个品牌学校的过往做法，都验证了品牌对于学校可持续发展的重要性，走品牌之路是学校转型、寻找新出路的答案。柏拉图曾说："品牌应有两种本质。在一种层面上，它表面的本质是不断变化的过程——否则它就不'入流'。在更深层面上，品牌又需要恒久不变的价值。这种价值是在品牌表面特征'背后'的。"品牌学校就是在创造这更深层的价值，不仅引领学校转型升级，也深入贯彻素质教育，培养全面发展的人。

"路漫漫其修远兮"，石龙三中在品牌创建的道路上不断探索、优化、创新，本书在编写过程中也几经易稿，付梓不易。感谢在本书撰写过程中辛苦付出的全校同人，其中负责组稿校对的张娟老师，为本书的编排、审校付出了大量努力。"吾将上下而求索"，愿与同在教育教学前线的教育工作者共勉。

杨森林
2022 年 8 月

目 录
CONTENTS

第一章

理念与文化——品牌学校的发展向心力

当今社会是一个价值多元的社会，追求个性、崇尚特色、敢于创新。一所学校如何突出重围，达到"人无我有，人有我优"的境界，这就关乎学校的品牌定位问题。品牌之于学校，是提升核心竞争力的关键；理念之于品牌，则是确定方向、撬动特色的支点。

品牌学校的理念与文化就是对学校各要素进行科学分析和合理整合，打造办学特色，突出品牌个性，建立自身品牌与竞争者的差异性，形成适合学校品牌发展的竞争方案，为自身确定一个独具风格的有利位置。

第一节 理念主题化，铸造学校品牌的灵魂

特色成就品牌，品牌就是竞争力。学校品牌凝聚着一所学校的文化和精神，是办学特色的集中体现，是发展品位和发展潜能的主要依存。学校品牌定位要突出品牌个性，就要在"特"字上下功夫。特色是学校优势的具体表现，也是衡量学校办学水准的指标。建设学校品牌的出发点是培育学校发展的特色。

何谓特色？教育家顾明远认为："不同于一般，不是平平常常，而是要有所创新，具有个性，而且这种个性能够形成传统，代代相传。"学校特色是在主题文化价值取向引领下所形成的优质的、相对稳定的独特风格，表现在学校的各项工作中，表现在学校整体的办学行为方式上，也就是学校主题文化的价值取向渗透到德育、课程、课堂、管理、教师、学生和环境等各个方面所彰显出来的个性特点，以区别于一般制度化、标准化的学校范式。在学校的品牌创建工作中，要确立一个富有特色的办学理念和思路，以特色理念引领各方面工作发展，以其他方面促进特色更加优化，进而带动学校整体工作的开展。

如何打造学校特色？苏联教育家苏霍姆林斯基认为，学校的管理首先是教育思想的管理。理念决定高度。教育理念是学校品牌的内核与灵魂，是围绕"办什么样的学校"和"怎样才能办好学校"这两个核心问题，经过长期的理性思考和实践所形成的一系列教育观念、教育思想与教育价值追求的总和，是学校自主建构起来的学校教育哲学。一所学校从普通学校走向品牌学校，是艰辛的创业过程，也是形成教育理念和实践教育理想的过程。学校的每一步发展都是在教育理念指导下进行的，一所学校没有教育理念，就不可能有特色发展，更不可能形成品牌。

有学者认为，提炼学校办学理念主要有四种方法：一是在传承历史中超越；二是在反思现实中构建；三是在借鉴经验中创新；四是在验证理想中生成。也有教育者认为，定位学校品牌，应该充分考虑四个客观要求：社会的客观要求、学校的客观基础、办学的客观条件、教育的客观规律。笔者综合各方面资料，梳理提炼出学校办学理念的四个基本方向：理论探讨、案例研究、文化传承、个性发展。以下从这四个方向进行探讨。

一、科学性：寻找学校品牌的理论支撑

品牌学校需要在认识自身的基础上，寻找支撑性理论。理论要具有深刻性和普遍适用性，能较好地指导实践。有教育者认为，新时期创办特色学校就是寻找学校办学的客观规律。由于每所学校之间的主观条件和客观条件不同，教育资源不同，学校办学规律也是不同的。某种程度上说，特色学校之"特色"就在于学校对本身教育资源和办学客观规律具有科学而独到的认识。因此，按照理论规律办学，能促使学校有效地挖掘学校教育资源，使品牌特色创建活动充满活力。

那么，如何选定理论支点呢？一是把中国特色社会主义理论体系作为最根本的方向性依据，把党的教育方针及《中国教育改革和发展纲要》作为方针、政策依据；二是把教育发展的客观规律，如教育必须适应经济和社会发展的需要、教育工作要符合学生身心发展规律等作为教育科学理论依据。

以荆州市沙市北京路第二小学为例，学校原来的办学理念是"三园"，即学园、乐园、花园。这种办学理念一度是比较流行的，但缺乏个性，只是学校对三方面工作的总结，与具有一定高度和深度的理念还有不小的距离。为此，该校寻求理论支持，梳理了当下国内外较有生命力的教育理念：情景教学、启发式教学、愉快教育、成功教育、希望教育、主题教育、生命教育等，发现这些理论的共同要素——天性，每一种教育理念的提出无不体现了顺乎天性的教育观。因此，该校最终确立了"尊崇天性，和谐发展"的办学理念。这一理念直指教育的原点和最终归属，具有深刻的思想内涵，是较为成功的案例。

北京十一学校认为，一所学校的核心价值观应立足于服务学生成长，并通过毕业生为社会服务。一所学校如果缺乏对学生成长规律的认识，缺乏对各学科认知规律的尊重，在教育教学领域里今天刮风、明天下雨，没有始终坚守的核心价值观，就会让教师无所适从。故此，校长李希贵及其管理层将学校的教育使命确定为"创造适合学生发展的教育"。在开展每一次活动、组织每一项工作的时候，都以使命为核心，用"为了学校，还是为了学生""为了教，还是为了学"这两把尺子进行衡量，更好地推动学校的教育教学改革工作。就是在这使命引领下，北京十一学校成为全国的教育教学改革示范案例。

笔者所在的石龙三中创办于 1977 年，是一所公办的初级中学。近年来，为

全面推进素质教育，学校着力打造幸福教育品牌，用幸福教育引领学校、师生幸福地发展。什么是幸福教育？通常认为，幸福教育是对人本情怀的最高关怀，是通过教育的途径，实现人对幸福的追求并在追求中获得幸福。学校作为国民教育的主要阵地，是影响和塑造国民知识、能力、品质、精神的主要场所，应该将促进师生的幸福作为重要发展目标，使师生具备获得幸福的能力，拥有幸福的人生。

石龙三中的幸福教育是以积极心理学为主要理论基础的。积极心理学是当今心理学领域的一个重要分支，它发源于 20 世纪末，近 20 年来取得了蓬勃发展。当代心理学有三个公认的重要目标：第一，帮助人类解决痛苦；第二，帮助人类追求幸福；第三，识别与培养天赋。目前心理学在第一个目标上已经取得了丰硕的成就，为众多的心理疾病和精神疾病找到了治疗方法。但在第二个目标和第三个目标上所做的工作远远不够。20 世纪末，美国心理学会主席、著名心理学家马丁·塞利格曼教授发起积极心理学运动，以社会心理学为基础设立了积极心理学这一分支，鼓励心理学家、社会科学家、行为学家去研究和发展积极取向的心理学课题，以实现心理学最初的目标——追求幸福生活。在马丁·塞利格曼教授的倡导下，积极心理学作为一门新的科学得到了迅速发展，并且因其强大的实用性与适用性，被广泛应用于健康、教育、人文、组织行为等领域。近年来，以积极心理学和积极教育为基础发展起来的幸福教育在世界范围内得到了大量的实践与运用。

基于此，石龙三中以"德勤求真　幸福求学"为办学理念，以"办一所成就幸福人生的学校"为办学目标，探索出一条特色发展之路，赋予学校办学思想新的时代内涵，在不断探索的教育实践中实现着"国内立项目，省内争上游，市内创一流"的时代发展追求。

除此之外，石龙三中的幸福教育本着以人为本、全面发展的教育思想，落实立德树人这一教育的根本任务。以人为本是党在十六届三中全会上提出的发展思想，这一思想对"人"的问题进行深刻探讨。以人为本就是以人作为根本，从人的实际需要与发展状况出发，在尊重与保护个体发展特性的基础上，实现全面发展。教育本质上是一项培养人的活动，脱离人的教育如同空心的树干，虽然外表看起来强壮，但内部已无生命，失去生机。以人为本则将人视为一个完整的、现实的个体，具有发展个体生命创造力与意义的功能，不仅表现了对个体生命的关怀，还体现了发展与完善个体生命的一种追求。可以说，以人为本的思想与幸福教育的目的——实现人对幸福的追求并在追求中获得幸福，是不谋而合的，充分诠释着教育的本质与价值。因此，幸福教育是以人为底色，延展人的可塑性，通过教育使人活出幸福的生命意义，创造生命价值。

二、创新性：研究国际各地的新型案例

对一所学校而言，教育的现代化首先是教育理念的现代化。教育理念的转变与创新，意味着人们将以新的眼光重新审视和认识教育现象，以新的范式重新把握和建构教育体系，以新的形式重新组织和拓展教育活动。创新办学理念是品牌建设的内在动力，教育改革必须以理念的突破和创新为先导。

对于创新，迈克尔·J. 马奎特说过："组织不需要重复别人已经做过的事情，今天流行的做法是要走到'3A'，即'拿来、调整、发展'（Acquire，Adapt，Advance）。"[①] "标杆瞄准"是行之有效的方法，即瞄准行业内的"最佳实践"，以此为基准诊断组织内部运作，收集最新信息，促进自身持续改进。构建学校品牌不是闭门造车，而是要善于借鉴别人的成功经验，结合学校实际进行创新。正如苏霍姆林斯基所说："各教学集体在借鉴我们的经验时不会去机械地搬用它的细节。创造性地借鉴经验，就是在发展至今的教育思想，也是在形成自己的教育信念。"[②]

"办学有特色""创建特色学校"是一个国际性话题，是国际教育改革和发展的共同趋势。在打造办学特色、建设学校品牌时，需认识到这一点，将眼界、思路和格局打开。"教育需要人类意识和世界眼光"——这是北京市人大附中校长刘彭芝对教育的深刻理解。创建品牌学校，需要有面向世界的胸怀和面向未来的眼光。

世界名校如麻省理工学院以"理工与人文相通，博学与精专兼取，教学与实践并重"的办学理念形成自身的特色；斯坦福大学从诞生起便以"实用教育"

① 迈克尔·J. 马奎特. 创建学习型组织5要素［M］. 邱昭良，译. 北京：机械工业出版社，2003.
② 乌云特娜. 苏霍姆林斯基人文教育思想在这里闪耀：乌克兰帕夫雷什中学的教育管理与实践［J］. 内蒙古师范大学学报（教育科学版），2006，19（8）：4.

为理念，以"The wind of freedom blows"（自由之风劲吹）为校训，鼓励和保证学校师生能自由无阻地从事教学和相关的学科研究；赫尔辛基大学以开放式的办学理念打造国际化学校，强调学生学习的自发性和独立性。国内名校如北京大学传承"循思想自由原则，取兼容并包主义"的精神火炬，成为国家培养高素质、创造性人才的摇篮；中国人民大学附属中学以"尊重个性，挖掘潜力，一切为了学生的发展，一切为了祖国的腾飞"为办学理念，在"追求卓越、勇于创新"的办学精神引领下培养适应未来的人才；南京市浦口区行知小学秉持平民教育思想和生活教育理念，以"行知文化"为核心，形成"创建中国新型乡村小学，迈向世界学校"的战略定位。

无论是大学还是中小学，形成特色的前提是有自身的核心理念，以理念驱动特色的建造与发展。可以说，一所缺乏特色办学理念的学校是难以适应时代发展，形成自身办学特色、建构品牌的。办学理念作为引领学校发展的灵魂，其解决的是"学校是什么""办什么样的学校"和"怎样办好学校"等问题，渗透着学生观、教师观、教育观和学校观等价值内涵。因此，在建设学校品牌前，要带着面向未来的眼光，依据学校的特性、时代的培养要求等，找准教育思想定位，形成独特的办学理念及思想。

三、传承性：挖掘区域文化的优质资源

每一所学校都有自己的历史，也都在创造着学校新的历史。一所真正的品牌学校一定有着持久而厚重的历史，这厚重的历史是品牌学校坚实的办学文化底蕴。同时，一所真正的品牌学校也一定在不断地创造新的历史，为其已经厚重的历史再增添新的时代印记，并将这种印记融入学校品牌，成为新的标志。广东教育学会学校特色研究会理事长闫德明指出，学校在定位品牌构建、构建自身的理念体系时，要注意研习"家谱"，要和学校的文化传统相契合，"只有从学校文化之根上生发出来的办学理念，才能为师生员工所认同"[①]。不然，哪怕是出自经世格言、出于名家之手，也难免"水土不服"。以天津南开中学为例，该校是一所历史悠久的名校，为国家培养出几任总理、多位院士，其校训为"允公允

---

① 闫德明. 学校品牌概论［M］. 桂林：广西师范大学出版社，2008.

能，日新月异"。"允公"指培养学生爱国、敬业、献身的精神；"允能"指培养学生具有服务社会的知识、技能；"日新月异"则要求随时代的前进不断革新。这些都为历届南开学子所铭记，对他们产生深远的影响。

历史的事实性决定了其客观性，如同叶脉从根系中汲取水分和营养，对历史的研究与传承既是学习也是滋养，同时还是一种严肃和受尊重的历史观，甚至是一种文化道德观。一所学校的历史本身就是一部教科书，也是一门鲜活的综合课程。学校的经营者应善待历史、尊重历史，不断在传承与创新中汲取营养，滋润学校不断发展。以荆州市沙市第十一中学为例，该校本就是一所初中阶段的质量强校，原确立的办学理念是"抓管理，强师资，兴科研，重质量"。严格地说，这是办学策略，不是办学理念。因此，该校领导在重新梳理了学校的历史后，发现在 30 年的办学历程中，学校有许多亮点，比如学校是用智慧的管理引领智慧型教师，用智慧的课堂启迪智慧型学生。因此，学校重新将办学理念提炼为"用智慧引领，启智慧人生"，校训也从原来的"团结、活泼、笃学、求真"变为"爱智慧，求真理"，使得整个理念体系更加简洁隽永，发人深省。

在传承学校历史文化的基础上，也要敢于走出学校的"舒适圈"。以北京十一学校为例，学校在工业社会向知识经济社会转型的过程中，感受到社会对人才需求的变化，不能继续沿用传统的"流水线式"的育人模式了。在校长李希贵的领导下，学校在传承历史文化基础上，完成了两次战略转型。在完成第一次转型之后，学校已取得相当好的成绩，但学校选择重新回归教育的原点，叩问初心，以"创造适合学生发展的教育"为使命，向课堂发出挑战，完成"从教走向学"的转变，最大限度地通过课程的丰富性、选择性帮助学生唤醒自己、发现自己，并成为最好的自己。

此外，教育是具有发展性的，学校特色需要不断地通过自我挖掘和传承来完善，历史文化只有跟随时代潮流的发展，融入新的内涵，学校才能走得更久、更远。以湖南师范大学附属中学为例，该校所处地域的湖湘文化的"经世致用，实事求是"思想对学校办学特色具有极大影响，形成"公、勤、仁、勇"的校训、"以人为本，兼容并蓄"的办学理念。随着素质教育的深入，该校坚持教育传承与创新，办学特色经过"慎选良师，全面育人""精育名师，科研兴校""科研兴校，全面育人"几个不同阶段。如今，该校在"科研兴校，全面育人"办学特色下，形成"科学教育见长，人文素养厚重"的学科特色，构建蕴含"以人为本"思想的"人本"课程体系。再如，广东广雅中学以"务本求实"为校训，蕴含着"和谐"的思想。该校深受先贤思想润泽，一直传承、发展、完善"和谐"的办学思想，从20世纪90年代初至今，在和谐办学的基础上，其办学理念实现了从"和谐教育"到"和谐优质教育"再到"和谐创新教育"的跨越。

学校特色随着时代的变化而变化，随着社会的发展而发展，具有动态性和发展性的特点。要想保持学校特色鲜活的生命力，就要在不同的历史时期传承与创新，扬长避短，结合学校历史、区域文化和时代对教育提出的新的发展要求，丰富学校品牌特色内涵。

四、个性化：确定学校品牌的办学特色

如果没有具备校本个性的教育理念，就会出现"教育伴着文件转，教育随着会议走，教育跟着形势跑，教育依着领导变"的状况。学校需要在充分分析本校实际的基础上，集思广益，发挥自身优势，确立切合学校发展实际的办学思路，制订远景规划和近期目标，在办学的思想观念、制度模式上，在物质环境、校园建设上，逐步形成自己鲜明的特色，呈现学校的个性。

（一）凝练校长教育思想

办好一所学校，校长是根基，校长的教育思想是营养。陶行知认为，一流的教育家要"敢探未发明的新理，敢入未开化的边疆"①。一名优秀的校长也该如此。校长要能根据学校的实际，找到办学的优势和突破口，扬长避短，大胆提出办学主张，创造学校的特色品牌。以泰兴市洋思中学为例，"没有教不好的学生"这朴素的八个字不仅写在学校教学楼上，也铭刻在每个洋思人身上，从校长到教师到学生，都相信并践行着这一信念，让洋思中学这一个地处偏僻的农村中学冲破传统，创立了新的洋思模式，创造了朴素的教育奇迹，成为中国初中教育的一面旗帜。而这信念是由校长蔡林森树立起来的，从自己对三个孩子的教育经历中领悟出来的。让学生享受适合自己的教育，是校长需要思考和关注的问题。而实现学生的生命成长、学校的长远发展，无不需要校长教育思想的滋养。当然，凝练校长教育思想不是照搬，也不是随意地拍板定案。校长教育思想来源于

---

① 出自陶行知的文章《第一流的教育家》。

实际工作面临的问题，来源于校长对教育的敏感度，需要经过反复的思考、比较、验证，在实践与理论之间不断摸索，进而找出思想理论与问题实践的平衡点、生长点与发展点。这非常考验一校之长的核心领导力、教育力。

（二）深度调研分析

个性化的理念要有准确的自我调研分析。部分学校的特色发展未能激发教师、学生、家长参与，未能使学校特色理念内化为他们的内在驱动力，其重要原因在于学校的特色发展不符合实际情况，未能贴合教师、学生、家长的真实需求。因此，为避免特色发展沦为纸上谈兵，进行深度调研，客观、科学、全面地分析学校背景是不可忽视的关键环节。

学校背景主要分为：学校现状，包括办学性质、基本条件、班级规模、师资结构、组织管理等；办学优势，包括获奖荣誉、师资质态、环境状况、社会关注度等；面临挑战，包括团队建设、育人模式、课程教学、教育质量、办学硬件等。

学校背景分析的方式有多种，常见的有 SWOT 分析，也就是优势（Strength）、劣势（Weakness）、机会（Opportunity）和威胁（Threat）四个方面。一般来说，优势方面主要表现在学校师资力量强大，教学能力突出，领导管理能力强，学校教学仪器齐全；劣势方面主要表现在办学经费有限，资金来源面窄，办学规模不大，硬件设备缺失，教师学历层次不合理，生源不稳定；机会方面主要表现在学校办学自主权较大，社会关注度较高，能够以此发掘并充分利用现有的办学优势，准确找到适合学校特色发展的重要条件，集中一切可利用的资源，形成自身特色；威胁方面主要表现在外部环境的变化和内部环境的不足。

调研分析的主要任务是"差距分析"和"优势挖掘"。

1. 差距分析

找出学校现有的基础与品牌设计之间的差距。一所学校的特色不是孤立的，在与其他学校的比照关系中更能显示出来，这种比照关系是学校特色存在的基础。因此，可以选择其他学校作为对标学校进行指标对照，从对比中找出学校的优势、劣势和成长点。如表 1-1 是受石龙三中委托管理前的东莞市石排东翔学校（以下简称石排东翔学校）与深圳宝安天骄小学的对比情况。

表1-1　学校指标对比

特色发展核心指标	对标学校：深圳宝安天骄小学（市一级、信息化＋游戏化）	石排东翔学校
设施设备升级	校园占地面积21 025平方米，现有高标准配置的功能室26间、200米塑胶环形跑道、足球场、篮球场和体育馆。所有学生教室都配置有交互式电子白板及其他多媒体教学平台	校园占地面积26 670.56平方米，教学班39个，高标准教学楼内有设施齐全的电脑室、理化生实验室、仪器室、阅览室、多功能厅等，还有200米塑胶环形跑道、足球场、篮球场、排球场、室内体育馆
教师素质提升	教职工143人，专任教师中，中学高级3人、小学高级71人、小学一级31人；获评市级优秀教师8人、区级优秀教师36人、区学科带头人2人、区级教坛新秀5人	教职工108人，本科率（含在读）60%左右，专任教师90人；有高级教师1人，小学一级7人、二级3人，中学二级6人
学生优势发展	环保、人文、科技和体艺双馨；每年度在国家级、省级、市级交流平台上都取得优异成绩	开办足球、篮球、跳绳、美术、书法、舞蹈等兴趣班
特色课程优化	信息技术创新教育、体艺课程、社团活动课程化（如科学常识社团课程化、网球社团课程化等）	形成"好习惯成就大未来"的教学理念，并实施足球特色教育
科研力量建设	网络教研特色；QQ交流平台、教学博客、"FTP"文件共享服务器三大网络工具将教师、教研联通起来	1项市级课题结题
品牌辐射传播	每学期运用信息技术所承担区级、市级研讨课和其他活动均在3次以上，每学期接待来自兄弟省市的参观考察团3次以上	办学以来，教学质量稳定，得到了家长和社会的认可。尝试推进课堂教学改革，开展翻转课堂实验

经与其他学校对比及对该校实际情况的分析，受委托管理前的石排东翔学校存在以下问题：一是师资力量比较薄弱，在职教师学历与资历不高，且由于学校是低收费民办学校，很难吸引到优质师资；二是学校特色不明显，虽然确定了"好习惯"这一主题，但开展的系列活动未形成特色系列，教育效果欠佳，尚未形成具有本校特色的校本课程，足球运动未成气候；三是教育科研氛围不浓，教研组、备课组建设有待加强，校本教研的氛围不强，未形成有效的教研模式，教师的科研能力普遍不高，教育科研工作成效不大；四是学校品牌辐射力度较弱，虽然在一定程度上得到了家长和社会的认可，但教育影响力不足，尚不具有示范、引领性。因此，该校的发展需求集中在：第一，加强学校精细化管理，在学校行政、教育教学、教育科研、德育等方面实行全方位精细化管理；第二，提升教师队伍力量，依托托管学校的名师资源及托管委员会带教团队、专家团队，组织开展教学、科研、班级管理等一系列教师培训，开展各种教科研活动，打造一支爱岗敬业、教学基本功过硬、教育科研能力强的专业教师队伍；第三，打造办学特色，以品牌输出等方式，结合学校具体情况，把足球、翻转课堂等打造成彰显学校特色的品牌项目；第四，全面提升学生综合素质，通过指导开展系列活动、常规教学，培养学生良好的学习习惯，提升学生在人文、健康、艺术等方面的综合素养。

2. 优势挖掘

通过调研，学校能够清晰地了解自身有哪些优势和劣势，进而进行战略调整，选择适当的战略以稳妥地超越同类型学校，这样学校的优势就会显而易见。由于各学校所处的环境不同，会面临多样化的教育需求，此时并不是让学校之间开展实力比拼，而是要让学校互相作为参照物去构建符合教育消费者期望并使自己扬长避短的品牌形象，通过这种形象吸引特定的对象。所以，学校品牌定位的成功在于将自身的优势与品牌定位有效融合。如今中小学教育环境比较复杂，学校管理者要学会利用教育政策和先进的教育理念，依据学校自身状况，灵活地选择适合自身发展特色的战略。

学校的资源条件是品牌定位的基础，而深挖学校内外部资源并对自身进行准确分析则是品牌定位的关键。学校管理者在选择战略时关键要找到学校自身的优势，如有的学校教师队伍强大，师资能力强，办学质量高，科研能力突出；有的学校基础设施完善，教学设备先进，能够和社会需求相融合；等等。学校领导者不仅要学会利用教育资源和先进的教育理念，还要学会充分发挥学校自身的优势，找到一条适合本校发展的特色道路。

只有对学校自身进行深度调研分析，才能更准确地谋定学校品牌的办学特色。以石龙三中为例，它是一所随着改革开放的春风而建立并同步发展起来的学校，是东莞市乃至省内外薄弱学校改造的成功范例。学校在品牌建设的最初便开展了自我调研分析，在清晰了解学校基础的情况下谋求品牌建设的方向。

在发展过程中，石龙三中全体师生积累了成功的经验，有了勇于探索的勇气，增强了进一步办好学校的能力和信心。学校具备了从优质学校进一步发展成为品牌学校的物质基础和精神基础。因此学校将发展定位于：致力营造基于"幸福"理念的学校文化，使学校成为师生共有的"校园环境优美，人际关系和谐，育人机制完善，文化氛围浓厚"的"幸福乐园"。把"办一所成就幸福人生的学校"作为办学目标，并完善了"一训三风"。学校办学理念已通过各种活动、会议、宣传报道等进行解读推广，为广大师生了解认可。石龙三中也在办学理念的指引下，成功走出了一条政府满意、家长满意、学生满意和教师满意的，具有石龙三中特色的幸福教育发展道路。

总而言之，对学校进行分析的目的是使品牌定位与学校资源、文化相协调，在教育市场上塑造出既符合学生和家长需求，又能发挥自身特长的品牌。品牌定位的成功并不一定取决于学校的综合实力，重要的是谁能将自身的优势融合到品牌当中。

（三）厘清逻辑思路

学校特色发展需要统筹考虑发展逻辑起点问题，正确选择特色发展的具体定位，寻找有效的切入点，进而以点带面，以谋求特色发展，并通过特色创建带动学校的整体发展。只有统筹考虑发展逻辑起点，校长和教师才能明确知道学校应该做什么，理论依据是什么；才能有效解决学校在特色发展中遇到的问题与困难。同时，要系统地思考特色发展逻辑起点，认真分析学校自身现实发展状态，综合、全面、实际地把握学校各方面资源，并且在探索与创新中使学校在办学理念、学校文化、课程项目、教学形式、师生关系等方面体现特色，有效促进学校特色发展。

（四）明确发展方向

特色的建设是一个复杂的过程，确定学校特色建设的方向是其中的关键性环节。学校要正确评估自己所处的办学水平，做出合理的价值判断，从而勾画出符合自身实际的具有生命力的特色发展策略和基本目标，形成正确的特色主题思想和理念。具体来说，学校要凝练出具有校本特色的办学理念、办学目标和培养目标等，以特色理念为核心，展开特色发展的创建工程。表 1－2 列举了两所较有特色的中小学的办学理念、发展愿景、育人目标和特色举措，以资参考。

表 1－2　中小学校本特色理念体系列表

学校名称	学校简介	办学理念	发展愿景	育人目标	特色举措
广州市番禺区实验小学	位于广州桥南街华景新城对面电视大学侧，现有学生1 947人	根教育	守住教育之根，让生命快乐绽放	在传承中发展，做有根的。现代中国人	"科学与人文""担当与创新""学习与生活"三大课程群
香港将军澳官立小学	位于香港将军澳厚德村，于1993年建校。师资优良，90%为本科及以上学历，20%为研究生学历，另有驻校外籍英语教师	启迪潜能，创造未来	推行全人教育，为学生提供优质卓越的教育服务	培养学生成为"德才兼备、善于沟通、乐于服务、勇于创新"的人	家课政策：帮助学生巩固课堂所学；促进学校与家长更紧密地合作　多元评估机制：学年举行两次测验及两次考试；学生自评及互评、家长评估等

学校特色发展的方向不是凭空虚构的，也不是心血来潮而定的，需要考虑各方面的因素。首要考虑的是现实因素，主要包括：第一，学校的发展历史与传统因素，这往往是学校特色建设可以挖掘的重要因素；第二，师资因素，有无特色

教师是创建特色学校的重要条件；第三，办学条件因素，特色建设需要好的办学条件作保障；第四，环境因素，特色建设要受到包括地理位置、社区文化等组成的环境要素的制约。在充分分析学校实际的基础上，还要有：创新意识，合理利用自身的个性和优势；创造性思维，善于"无中生有，有中出新，新中求变"。

（五）挖掘优势项目

优势是指体现学校特色发展、切实落地的强势支持力量。在充分分析学校实际的基础上，要有创新意识和创造性思维，遵循"优势项目—项目特色—特色发展"的路线，挖掘优势项目，将其发展为特色项目，逐步创建学校特色。其精髓就在于将重点关注的视角从普通的、大众化的东西转向富有个性特点的。

特色鲜明的学校，首先可以从固有特色中拓展。学校特色是学校在教育实践中逐渐累积、共同锻造的，是学校个性化存在的鲜明烙印。但直接将学校固有的特色作为学校品牌的办学理念是不长久的。因为学校特色的外延相对狭窄，不能涵盖全部的基础教育。因此，可以从自身特色入手，拓宽特色的外延，丰富特色的内涵。例如，广州市黄埔区沧联小学从 2012 年开始，把书法教育作为学校的校本课程，通过多年的努力形成了书法教育特色，在区域内具有一定的影响力和认可度：是黄埔区第一所书法进课堂的学校，学校书法教学平台的建设也是区内首家，校园文化建设以书法教育为主题，文笔塔、试墨台、立品榜等标志性文化建设个性风格独特，沙画书法美术功能室是全国首创且具有知识产权的书法教学保障，学校数字化临摹室是学校教师在书法教学上的创新发明。在此基础上，学校以书法为特色创建品牌学校，"以书载道、书道融汇育人"推动学校各项工作的开展。如：将书法、体育、音乐相结合，将"永"字八法融入体育健身中编成"阳光书韵"书法操，每天在大课间活动中落实；同时，学校与区装备中心合作首创全国唯一沙画书法美术综合教学平台，为书法现代化教学、研究和书法的创新表现提供良好的保障。

其次，从主导课题中挖掘。学校承担或参与研究的课题往往具备一定的教育思想内涵，在研究与实践过程中，对学校工作产生一定的影响力。从课题中挖掘办学理念，可以兼具深刻性和实用性。

最后，从过往经验中提炼。在学校的办学历史进程中，总会积累一些行之有效的办学经验。学校可以梳理办学历史中的经验，从中发现亮点。例如，石龙三中发现，推进特色发展，培育学生核心素养，需要校长及教师高度重视课程教学深水区的变革与建构，进一步完善学校课程结构，促进学生素养结构更合理、科学。于是，石龙三中结合学校在课程方面的优势基因与资源，关照学生的兴趣和需要，有目的、有计划、有组织地进行项目和课程的规划、开发、建设，为发展学生核心素养铺就适合的"跑道"，真正实现课程教学的素养化。

首都师范大学副校长杨志成认为："只有在自身优势基础上生长的教育品牌才有基础和生命力。"① 挖掘优势项目要炼出"火眼金睛"，筛选出潜在的优势，善用资源，找到突破口，以特色项目的滚动发展提升学校品牌，做出品牌效应。这也是学校品牌内生性发展的需要。

（六）建构特色体系

学校特色发展是一个整体系统，它是由系统内部相互依存、相互影响、相互制约、相互作用的各要素组成的。学校特色发展的规划需要着眼于学校整体改革的全局。因此，为了促进学校特色有效发展，学校要对特色发展的主体进行有效的提炼，如特色教师、特色课堂、特色课程等，从而构建出特色体系。学校应根据实际、相关理论和经验，在挖掘优势项目的基础上，建立独特化、全面化、有效化的特色项目，并将特色项目与学校各方面工作纵横贯通、上下联动，通过特色项目来带动整体。还要从学校策划的系统着眼，开展各项子系统或单项的改革，使各项改革组成有机的整体，反哺学校特色发展。

以石龙三中为例，学校秉承"办一所成就幸福人生的学校"的办学目标，坚持科学、合理、有序的原则，加快建设石龙三中幸福教育体系（见图 1 - 1）。该体系从幸福空间、幸福课堂、幸福课程、幸福活动、幸福德育、幸福成长方面着手，为师生营造"沉浸式幸福体验"，以期实现全校师生的幸福愿景。

---

① 杨志成. 内生性是学校品牌建设的必由之路：以翠微小学"翠·微教育"品牌为例［J］.
北京教育（普教版），2013（12）：24－25.

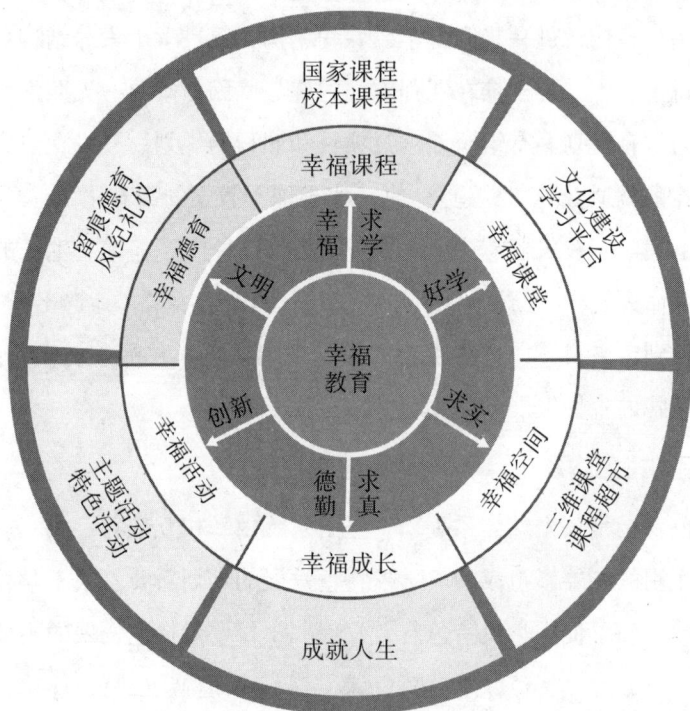

图1-1　石龙三中幸福教育体系

从图1-1可以看到，该体系以"幸福教育"为理念展开，围绕"德勤求真　幸福求学"办学理念和"文明　好学　求实　创新"校训，架起了"六大幸福"发展框架。其中，幸福课堂立足融合创新的原则进行课堂改革，从三维课堂和课程超市入手，以学生为中心，构建智慧高效趣味课堂，让学生学得愉快；幸福课程以国家课程为主体，在开好国家课程的基础上构建校本课程，培养学生综合素质；幸福活动将课程与校园活动结合，打造"课程超市"，实现课程活动化、活动课程化；幸福德育主张班级、学校、家庭、社会共同参与德育活动，发挥协同育人的作用；幸福空间从校园环境的建设入手，打造"幸福教育"文化设施和学习平台，为师生提供舒适、润泽心灵的环境；幸福成长是学校幸福教育的育人目标及成果展示，旨在总结办学经验、育人成果，鼓励师生努力奋斗，追梦幸福，成就幸福人生。

（七）做足保障措施

建构特色体系之后，需要实施一系列保障措施确保特色发展战略的贯彻。保障措施主要有：一是思想保障，包括思想发动、教代会讨论、集思广益、形成共识、凝神聚力；二是组织保障，包括校长挂帅、规划领导、研制论证、实施评估、调控修订等；三是条件保障，如经费保障，在科研培训、课堂改革、课程建设、特色打造、校园改造等方面加大资金投入；四是机制保障，完善教师评价机制奖励制度，调动教师积极、主动地参与学校特色发展；五是后勤保障，加强后勤机构与制度建设，使学校的校产、财务管理更加科学、规范，为教师有效使用教育设施设备、保障学校特色发展提供有利条件。

总的来说，学校品牌的战略定位与特色设计是极具个性色彩的，没有完全固定的模式。每所学校都要根据自身的特定环境，根据学校的 SWOT 分析，选准突破口，走特色创新之路。

石龙三中从"四差"学校到"六好"学校①

从 1977 年正式建校算起，石龙三中至今已经走过了 44 年的岁月。今年秋季学期开学前夕，关于它的好消息接连不断：2021 年中考全校总平均分连续 18 年超过市平均分；中小学教师信息技术应用能力提升工程 2.0 项目，被选为省唯一"整校推进"优秀案例并参加教育部遴选；8 月 4 日，由校友出资 2 000 万元捐赠的新教学楼项目正式动工；8 月 28 日和 9 月 1 日，校友陈敏仪在东京残奥会接连拿下两枚射箭金牌。

"广东省科技创新教育实验学校""广东省中小学教师校本研修示范学校""东莞市第一批品牌学校""东莞市'品质课堂'实验学校"……近五年来，学校荣膺国家、省、市级荣誉 31 项。经过几代人的砥砺奋进、默默耕耘，石龙三中实现了从一所基础薄弱的学校到首批品牌学校再到省级示范校的飞跃。

【从基础薄弱学校到首批品牌学校】

谈起石龙三中的办学发展历程，学校校长杨森林用"坎坷"一词来形容。

他表示，这所拥有 44 年办学历史的公办初级中学，在 2004 年全面改革之前，曾因社会声誉差、教学质量差、生源素质差、办学条件差而成为东莞典型的"四差"学校。

---

① 于羽佳. 石龙三中从"四差"学校到"六好"学校 [N]. 南方日报, 2021 - 09 - 07 (DC01).

领导班子痛定思痛，从 2004 年起开始大刀阔斧地改革。经过十几年的品牌打造，一所"四差"薄弱镇办中学，一跃成为东莞市镇街优质"六好"学校，还在 2018 年成功跻身东莞市首批 30 所品牌学校的行列之中。

从薄弱学校到首批品牌学校，石龙三中是怎么做到的？杨森林直言："追本溯源，推行幸福教育，这就是石龙三中的跨越式发展之路。"

自确定发展方向后，学校始终坚持以文化传承与品牌发展为核心，立足学生的幸福成长，确立了"幸福教育"的办学理念，构建了"六大幸福"发展框架，还明确了学校发展的基本目标，即"办一所成就幸福人生的学校"。

一方面，学校精心打造了"幸福空间"：校园文化长廊、党（团）建长廊、心理健康教育长廊、国学体验室……"步步佳景、处处育人"，校园的每一处景观都传递着幸福。

除了校园空间，石龙三中还通过课堂、科研、活动、德育等方面，为师生营造"沉浸式幸福体验"。

具体而言，学校以"一轴三驱动"为核心，开展丰富多彩的校园活动，让学生在活动中感受幸福、增强幸福感。"一轴"是基于"课程超市"的社团建设，"三驱动"分别是"五大主题活动""五大特色活动"和"六大德育留痕活动"。

强化名师团队，背后也彰显着学校"幸福教育"的品牌文化。石龙三中通过"课题立项""强师工程""培青工程""名师论坛"建设了一支有着高度幸福感的教师队伍，通过创设情境、搭建舞台，促进教师专业成长，发掘和培养名师。目前，学校共有南粤优秀教师 2 名、市学科带头人 13 名、市教学能手 38 名、省市名师培养对象 6 人以及市名师工作室 2 个。

【教育信息化助力打造"省级示范校"】

上课铃响起，五六个学生正围坐在桌前，在小组讨论中开展自主探究学习。学生人手一部平板电脑，通过屏幕进行随堂训练及与教师互动。而在每堂课前，学生全部已经通过微课或导学任务完成了预习，教师通过提前收集自学成果和二次备课，可将讲课时间精准分配到教学重难点上。

这是石龙三中一节平常的翻转课堂，这也是石龙三中着力打造的"幸福课堂"。翻转课堂可以在减轻学生学业负担的基础上，有效提高教学效益，依托大数据和云计算，它还能记录和保存学生的学习历程，为实现终身教育提供支撑。

早在被称为东莞教育"慕课元年"的 2015 年，石龙三中就敏锐地抓住机遇开展翻转课堂实验，成为东莞市首批慕课试点学校、公民办慕课"双师教学"试点学校。全校共有 25 个班已经开展常态化翻转课堂，达到班级总数的近六成，中考成绩也连续多年超过市平均水平。

2018 年 11 月，石龙三中启动省级项目"基于云平台的莞式慕课翻转课堂的实践研究"，并聘请广东省教育技术中心的林君芬博士为顾问，为学校教育信息化建设出谋划策。按照"一校一案、整校推进"工作机制，石龙三中积极探索"基于课堂、重在创新"的信息技术应用功能校本研修与考核模式。

几年间，石龙三中以信息化引领师生信息素养的提升，以构建"三维课堂"教学模式为抓手，其教育信息化工作逐步成为业内典范。去年，石龙三中更是成为广东省中小学教师信息技术应用能力提升工程 2.0 试点校，如今该项目还作为全省唯一的"整校推进"优秀案例参加教育部遴选。

以学生为中心、培养核心素养不仅改变了石龙三中的教学生态，更引发了一场学校的课堂革命。据了解，翻转课堂形成的"三中模式"首先在明德小学成功推广，此后逐渐在石龙镇全面铺开，使石龙的翻转课堂实验从初中到小学、从公办到民办，完成了全学段的覆盖。

【"幸福教育"迎来厚积薄发】

9 月 1 日，几千公里外的东京残奥会赛场上传来喜报，在射箭女子 W1 级复合弓个人淘汰赛中，东莞"石龙妹"陈敏仪以 142 ∶ 131 的绝对优势战胜捷克选手获得冠军。消息传来，陈敏仪的母校石龙三中里也一片沸腾，教职工纷纷替这位 2007 届校友实现梦想而高兴。

在教职工大会上，熟悉情况的老师介绍，陈敏仪当年是班上的"重点保护对象"，不仅安排了班干部坐在她周围帮助她学习和生活，老师们也特别关注她的生活情况，中考时班主任还特意开摩托车接送她去考试。在这样友爱的环境中度过初中三年的陈敏仪，心里也种下了幸福而坚韧的种子。成为射箭运动员后，陈敏仪从不服输、从不放弃，用刻苦训练和稳定的心态换来了如今的荣誉，也是石龙三中坚持"办一所成就幸福人生的学校"的最好证明。

而"幸福教育"的厚积薄发，绝不只体现于学生实现个人价值，学校近年也涌现出自发回馈母校、回馈社会的优秀校友。

8 月 4 日，东莞市教育扩容提质千日攻坚项目——石龙三中教学楼建设项目正式动工，完工后预计能为石龙三中增加 800 个公办学位。值得一提的是，这栋新教学楼是由石龙三中1977级校友杜榕标携聚龙集团5家关联企业共同捐建的。杜榕标一直热心社会公益事业，更情系乡梓、心系母校、支持教育，多次捐资帮助家乡教育事业发展。

多年来，石龙三中一直秉承"幸福教育"的办学文化，从校园环境、课堂设计、德育体系等多方面营造幸福的氛围，不仅培养出许多德才兼备的优秀校友，还充分发挥品牌学校的示范、辐射和带动作用，提升石龙三中学区小初学校的整体办学水平。2020年8月，石龙第三中学教育集团获市教育局批准组建，成员校包括石龙三中、石龙镇中心小学和石龙镇中心小学西湖学校。

今年春季学期伊始，石龙三中举办"三维课堂"建设校本研修培训会，提出构建"以学生为中心，基于翻转课堂的深度学习"的品质课堂，并以集团化办学推动品质课堂建设。目前石龙镇中心小学已经形成了"一环三核六步"翻转课堂教学模式，西湖学校也初步探索出"一课四案，三段六步×课型"翻转课堂教学模式。同时，石龙三中的校本研修模式和课堂教学经验也引领着托管学校——石排东翔学校实现了新飞跃，本学期该校小学和初中一年级已全面开展翻转课堂教学。

杨森林表示，接下来石龙第三中学教育集团将立足品牌学校，以"教育信息化2.0"为突破，依托龙头学校石龙三中的实践经验，实现集团内小初一体翻转课堂教学模式的落地，并从德育课程体系、精品社团活动入手，打造"九年一体化"育人新样本。

第二节　文化镜像化，升华学校品牌的品位

"名校的一半是文化"，任何办学特色都应具有一定文化内涵。任何学校离开了特色，都将缺乏根基与活力；离开了文化，任何特色都将变得浅薄、单一、不能持久。品牌学校的建设，一言以蔽之：特色之中有文化，文化之中有特色。

一、文化内涵

学校文化是一所学校在长期的教育实践中积淀和创造出来的，并成为其成员

认同和遵循的价值观念体系、行为规范准则和物化环境风貌的一种整合和结晶。它集中体现为学校独特、鲜明的文化个性和精神底蕴。

每一所学校都有不同的学校文化定位，即在清晰的品牌定位基础上，利用各种内外部传播途径，形成受众对品牌的高度认同，从而形成一种文化氛围，通过这种文化氛围形成很强的客户忠诚度。它包括了以下四个方面：

一是物质文化。学校物质文化本着"以物育人"的理念，潜藏和传递着学校独有的文化与观念，对师生有潜移默化的影响。优秀的学校文化总是通过独特的建筑、布局、标识等显性特征来体现它的教育思想和教育观念。

二是精神文化。学校精神文化是学校文化的核心，主要体现在学校的办学理念、"一训三风"等方面。其中，价值观是指导所有态度和行为的根本要素，直接决定着学校文化建设的方向和路径。

三是制度文化。在学校文化的建设过程中，制度是保障机制，对师生的行为具备规范性和约束性。制度包含学校的相关规章制度（学校管理制度、教师教研制度、师生评价制度等），也包含教育管理过程中的管理方法。

四是课程文化。学校文化深入课程与教学层面，实质性地促进学生发展、教师发展和学校发展。学校课程的形态应该是灵活多样的，应当具有非常显著的灵活性和针对性，能够为教师和学生内在创造性的展现创造条件。

此外，如何充分地利用文化资源，尤其是吸取我国优秀的传统文化精髓，合理提炼学校特色，是每位学校管理者必须面对的命题。

（一）学校文化定位从问题开始

提出问题的方式有四种。第一，直接式提出。由学校管理团队直接提出发展问题和目标。第二，诊断式提出。由学校或专家等对学校进行专业的诊断，根据诊断的结果和意见提出策划的目标与重点。第三，调研式提出。学校组成调研组，进行深入细致的调查，通过观察、问卷、访谈等方式详细掌握学校的一手资料，然后进行分析加工，根据调查的结果提出策划的目标和重点。第四，预测式提出。根据社会或当地的教育实际和教育形势做出科学的预测，并根据预测的结果和未来进展提出策划的目标与重点。

（二）搜集整理学校文化资料

搜集和整理既有的学校文化信息与资料。通过信息搜集，策划者可了解学校文化的发展脉络，发现学校发展过程中一些具有文化意义的人和事，洞察学校发展遇到的问题、机遇和挑战。只有尽可能搜集完备的资料信息，才能对学校文化进行更准确和更科学的定位。下面以东莞市东城第一小学及广州市白云艺术中学为例，看看这两所学校是如何通过搜集和整理既有的学校文化信息与资料形成自己的文化特色的。

东莞市东城第一小学的办学品牌是"狮道教育"，其中"狮"即醒狮的狮。东莞市东城第一小学地处东莞东城温塘社区，醒狮运动是该社区的传统文化。学校的师生长期处于这种文化的熏陶之中，对醒狮文化有着一定的了解和兴趣。为此，该校结合地区和本校实际，多方搜集整理资料，挖掘醒狮文化的内涵，以传承和弘扬地区传统民族文化，让师生了解醒狮历史、学习醒狮文化。学校从醒狮文化中挖掘总结出了不怕吃苦、相互合作、勇攀高峰等精神品质，并将这些精神品质融合于实践中，让师生学习效仿。2008年7月，学校成立醒狮运动特色项目，校园文化特色逐渐形成。此后，学校不断深化醒狮特色，于2017年以"学校特色是品牌培育的突破口"为指导思想，根据在办学过程中长期的物质、制度、精神等方面的积累和已有的办学特色，最终确立了"狮道教育"的学校品牌，培养适应新时代发展的狮道品质少年。2020年，东莞市东城第一小学成功获评东莞市第三批品牌学校培育对象。

广州市白云艺术中学地处广州市白云区嘉禾街，此处为城乡接合部，学生大部分来自周边农村，文化基础薄弱。2007年，该校基于原有艺术学科的一点基础，开始探索艺术特色办学之路。为破解生源差、管理难度大等难题，该校广泛搜集、整理相关资料，对校情进行详细分析、探讨，广泛听取师生意见，并邀请专家指导，先后制订了2008—2012年发展规划、2013—2017年发展规划等一系列规划，着力构建艺术特色办学文化，探索"特色项目—学校特色—特色学校"的发展之路。该校因地制宜、立足校情，确立"立美育人，成就师生"的办学理念，以"让城中村的孩子走进艺术殿堂"为奋斗目标，构建艺术特色办学文化。通过一系列的改革，广州市白云艺术中学成功转型，摘掉薄弱学校的帽子，成为广州市一级学校、广州市特色学校。

以上两所学校在特色文化的建设过程中，都基于资料搜集和整理，再从地区实际和校情出发，了解学校发展存在的问题和面临的机遇、挑战，从而能对学校文化建设做出科学合理的决策，成功构建学校文化特色，推进学校品牌建设。

二、理念体系

塑造学校品牌的首要环节就是建构个性化的理念体系，即将理念提炼为主题词、关键词。学校品牌有其特定的理念识别系统——指学校为了引导公众正确认识和辨别学校品牌的个性形象，凸显自身的理想追求，在实践过程中经过长期的理性思考和不断的总结提炼而形成的一种具有相对稳定性、延续性和指向性的观念体系。在我国的教育日常中，理念识别系统常被称为"办学理念""办学思想""理念体系"等。理念识别系统反映了一所学校的学生观、教师观、教育观、学校观及价值观的先进程度，对学校发展具有导航和定位的作用。

在培育品牌学校的过程中，要确立学校的文化，并以此为核心确立了包括"一训三风"在内的完整的理念体系。"一训三风"依据不同学校的不同特点，表现出独有的特色和丰富的内涵。

校训是指学校规定的对师生有教育、激励或训诫、规范作用的词语，是学校品牌理念识别系统的关键元素，是学校办学宗旨、治学风格、人文精神、人才培养要求的一种外在表征形式，凝聚了一所学校的文化传统、精神风貌和价值追求。它往往由一些寓意深刻的箴言、警句组成。例如，佛山南海实验小学的"宽教育，赢未来"；佛山西樵民乐小学的飞鸿教育，"飞鸿教育，育人成人"；深圳光明下村小学的信心教育，培养"自信、创新、超越的一代新人"；深圳市德兴小学的和善教育，"和而不同，止于至善"；等等。

校风指学校的风气，是学校思想政治教育、行为规范教育等多方面教育的有机载体，综合体现学校的管理效能。社会心理学认为，"心理感染"是个人对某种心理状态的无意识的、不自主的顺从。校风隐含一股巨大的同化力、促进力和约束力，能够经过心理感染同化个体的心理特征。因此，凝练优良的校风对学校全体成员具有非常重要的影响价值。例如，广州市南沙区南沙小学"山海文化·仁智教育"精神下的校风"品比山高，心比海阔"；深圳中学"追求卓越，敢为人先"精神下的校风"主动发展，共同成长，不断超越"。

教风是一个教育群体的德与才的统一性表现，是学校形成的长期的、稳定的教育教学风气。好的教风能够成为学校崇高的精神旗帜，对学生起到熏陶、激励的教育作用。例如，广州市执信中学的"殚精求知，笃志力行，尚严善导，一身立教"；惠州市第十一小学的"爱心、潜心、求实、创新"等。

学风是学生集体或个人在学习过程中表现出的带有倾向性和稳定性的态度与行为，影响着人才的培养。建设良好的学风，要基于学校文化进行定位，要与教风一起抓，以教风带学风，以学风促教风，让学风和整个校园文化体系相辅相成。例如，广州市执信中学的"博闻强记，多思多问，取法乎上，持之以恒"；惠州市第十一小学的"尊师、守纪、悦学、笃行"。

那么，办学理念的提炼、生成策略和措施有哪些？

一是因校制宜选择办学理念。如前文所述，打造学校特色品牌需要考虑学校历史文化、区域文化资源、学校实际情况等，办学理念的提炼也应如此。只有立足学校办学历史和发展实际选择办学理念，才能更好地办适合学生发展的教育。

二是师生参与生成办学理念。先进的办学理念可以指导全校师生的行为，激发全校师生的志趣，成为学校可持续发展的动力。因此，办学理念的形成不只是学校领导或行政人员的事，而是全校师生共同关注和参与的。征集—研讨—反复修改—确定—宣传，每一个步骤都是师生"当家作主"的体现。

以石龙三中为例，学校认为要在办学过程中强化"幸福教育"的理念，将"为师生谋幸福"摆在突出位置，从各个方面着手努力提升师生获得幸福的能力，这不仅是对师生负责，也是对社会和国家负责。为此，石龙三中将"幸福"贯穿理念体系的全过程，将幸福教育的思想全方位渗透进校园文化中，以实现"办一所成就幸福人生的学校"的目标。学校确立了"德勤求真 幸福求学"的办学理念，其中，"德"即品行，"求真"即探究真知、知行一致，"幸福"是美好人生的愿景。党的十八大提出"把立德树人作为教育的根本任务，培养德智体美全面发展的社会主义建设者和接班人"，习近平总书记勉励"广大青年要努力成为有理想、有学问、有才干的实干家，在新时代干出一番事业""要爱国，忠于祖国，忠于人民""要励志，立鸿鹄志，做奋斗者"。习近平总书记的重要讲话，在为我国教育工作坚持立德树人根本任务提出新要求的同时，也为我们在新时代牢牢抓住理想信念铸魂这个关键环节完成立德树人根本任务指明了方向。

在综合考量下，石龙三中确立了幸福教育理念体系，如图1-2所示。

幸福教育 理念体系

学校文化：幸福教育

办学理念：德勤求真 幸福求学

校训：文明 好学 求实 创新

校风：教得幸福 学得愉快

教风：爱心 信心 热心 慧心 恒心

学风：愿听 愿学 愿思 愿做 愿创

图1-2 幸福教育理念体系

另外，在东莞市"公托民"改革实践下，石龙三中托管帮扶的学校在理念体系上进行了优化升级。如石排东翔学校以"志行教育"为办学特色，确立"有志者行"的办学理念、"办一所让孩子立志笃行（志行合一）的学校"的办学目标。"志行"指的是志向和操行，"弘志笃行，志行合一"。东莞市东晋实验学校提出以"三香教育"为发展理念，即书香、礼香、果香，指的是学习习惯、个人品德、实践能力等方面，着眼于师生"明礼、学礼、行礼"的行为习惯的培养。理念体系的升级，为两所学校带来了飞跃式的发展。

综上，可见理念引领对于学校特色发展的重要性。

三、视觉识别

如果一个孩子意识到你在教育他的时候，教育就已经失败了。最好的教育，是环境的教育，是氛围的教育。也就是要基于情境，形成符号系统：校徽、校歌、校道，让每条路、每个角落、每处场景都具备教育意义，实现育人功能。

规划品牌识别系统是学校创立品牌的奠基性工作，也是品牌经营的必要战略步骤。首先，整理提炼品牌识别来源信息，为品牌确定一个识别系统，使它成为品牌形象策划工作的原则性规范。品牌识别分为核心识别和延伸识别。核心识别是一个品牌永恒的精髓、本性和价值；延伸识别则包括品牌表现的细节要素，为品牌带来更丰富的内涵，让品牌识别表达得更为丰富完整。例如，学校的理念体系就是学校品牌的核心识别，基于理念体系所形成的附属品，如校徽、校歌、口号、校园吉祥物、特色课程甚至是优秀校友等，都可以成为学校品牌的延伸识别。

其次，设计品牌符号结构。品牌符号是构成品牌识别系统的重要组成部分，包括名称、标志、基本色、标识语、象征物、包装等。品牌符号的设计是对建立品牌识别系统的具体执行，是信息传递的载体，把学校特征、品质和品牌价值、理念等各种要素以融合化、标准化、统一化的符号形式传递给公众和教育消费者。好的品牌符号设计，不但要注重形式的美感，而且要能很好地表达和传递品牌价值理念，是品牌传播的有力武器，能有效传递品牌信息，直达消费者内心，给消费者留下个性鲜明的特点。如前文提到的东莞市东城第一小学在培育"狮道教育"品牌时，专门设计了两个符合学校教育理念的吉祥物——卡通小狮子"——""溪溪"，以 IP 化凸显品牌学校影响力。两个吉祥物除了进行人偶扮演外，还承担起学校服务的功能，推出吉祥物钥匙扣、吉祥物人偶服、吉祥物醒狮头等一系列与醒狮相关的文创产品，使得该校的"狮道教育"在区域内形成一定的口碑，加深了社会对该校办学品牌的印象。

再次，重视标识语的创意。标识语相对更为灵活，具有较好的沟通性，既能提供品牌识别的作用，又能为品牌传递更多的信息。

最后，识别系统要与校园文化建设工作结合起来。学校要根据品牌理念，设计标识，对学校校徽、标准字、标准色等进行统一，并把这些元素扩展到学校的手提袋、信封、纸杯、专题片等方面。同时，将识别系统的元素融入校园环境的规划和建设中。

值得注意的是，在设计识别系统时，要注重品牌识别系统的整体性，为之注入完整的核心价值和理念，形成整体效应。因为从长期战略来看，品牌的精神内涵比视觉设计更有生命力。因此，在品牌策划时，应着眼于品牌主体价值的创造，建立一套独特、深具识别性的价值系统。

以石龙三中为例，学校在原校徽基础上重新设计校徽。图 1-3 为学校旧校徽，图 1-4 为新校徽。与旧校徽对比，新校徽在以下五方面做了调整：第一，新校徽的图案中心代表教师用双手托起明天的太阳，也寓意学生像雄鹰逐日，为了心中的梦想追梦奋进。第二，旧校徽的图案中的水纹线代表东江之水，但字母重叠不清晰，新校徽将其往两侧打开，在保留原意的同时，配合上方的朝阳在水面形成反光效果，凸显开阔感。第三，色彩调配上，新校徽中间圆圈部分以"黄色＋红色"为主，黄红色代表旭日东升的光芒；外部圆圈部分以蓝色为主，代表开阔的天空。与旧校徽整体以黄色为主的设计相比，内涵更丰富，更具视觉感染力。第四，新校徽中间圆圈图案下方的"中国·东莞　1977"字样代表了石龙三中的地理位置与建校时间，加强学校印象。第五，字体编排上，旧校徽的字体为王羲之集字调整。新校徽改为"石龙第三中学"及英文名称：SHILONG NO. 3 MIDDLE SCHOOL，字体为汉仪超粗宋简；"中国·东莞　1977"采用宋体，给人正经、严肃、大气的感觉。

图 1-3　石龙三中旧校徽

图 1-4　石龙三中新校徽

校歌则采用朝气蓬勃的音调，展示学子积极昂扬的风貌。在校歌的歌词编排中，一开始以东江水引入，点明学校的地理位置——位于东江之滨，引出三中校名；接着概述学子在校园中全面发展，将个人的成长及祖国的发展连接在一起；最后发出铿锵有力的声音"前进，三中"，展现"国内立项目，省内争上游，市内创一流"的坚定信念（见图1-5）。

前进，三中！

——石龙三中校歌

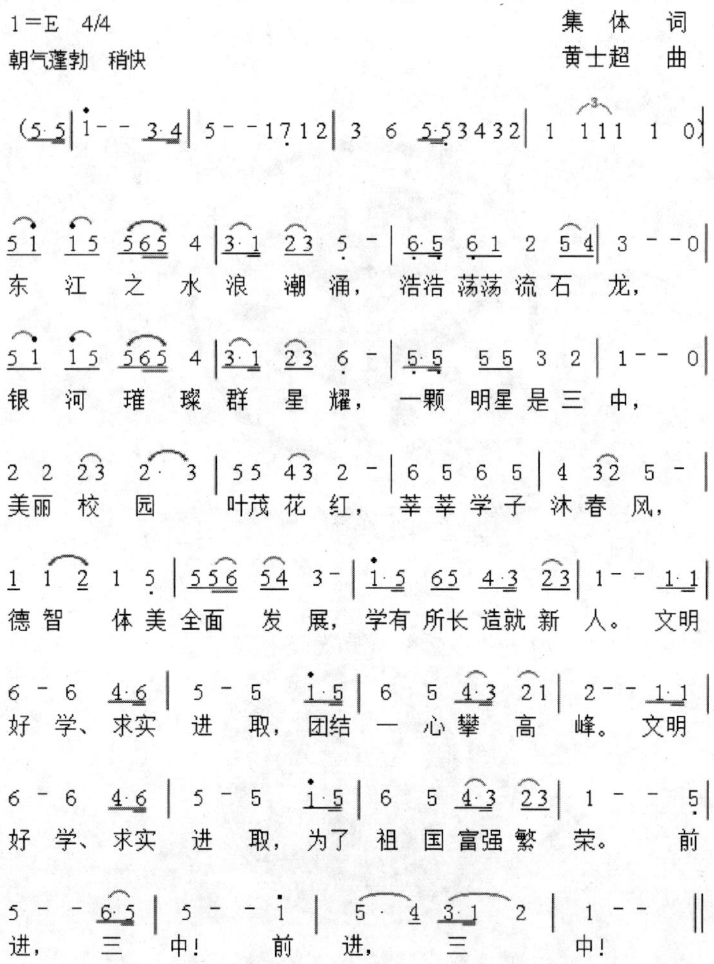

1＝E 4/4

朝气蓬勃 稍快

集体 词
黄士超 曲

图1-5 石龙三中校歌

四、环境景观

学校的文化景观主要通过学校历史、标志、建筑、校园绿化、课室等要素表现。要想进行学校文化品牌的建设，有必要加强校园文化的改造，既重视建设本身的形象视觉、各种景观的心理暗示，还要注重景观中的人本思想。

苏霍姆林斯基认为："我们的教育应当使每一堵墙都说话。"校园是学生每天生活和学习的场所，这里的每一堵墙、每一处景观都是学生每天要面对的。精心规划学校的建筑布局、建筑风格、建筑线条及使用功能，加强校园中的绿化、雕塑、文化走廊等区域的改造，从而形成一种动静结合、品位高雅、秀美宜人的校园文化。而在校园环境的布置上，也应当重点突出建筑及专用室的使用功能，使其充满独特的文化内涵。想要让校园的每一处景观说话，让每一处景观显示成长的足迹和幸福，就要为学生对话开辟宽阔的校园通道，就要赋予学生校园生活的每一细节以丰富的生命力，使之成为陶冶感染学生的"主体的画，无声的诗"。打造学校品牌文化，以深厚的文化积淀影响人。另外，学校要不断充实更新教学设备，建立校园网络、图书馆、电子阅览室、语音室、多媒体教室和网络系统等，形成较为完善的教育教学设施，推进教学手段的现代化，为学校发展建设提供和谐优美的物质环境。如国家级示范性高中广州市增城区新塘中学围绕"君子文化"，建有上千米长的"君子文化"长廊、文化石、一步一景的"新中十景"，将教学楼、校园主干道的命名与学校理念紧密联系，还将《富春山居图》《清明上河图》《千里江山图》融汇装饰在校园中。

下面以石龙三中为例，学校秉持幸福教育理念，以"四园三廊"为抓手构建校园幸福空间。"四园"即幸福阅读园、幸福家庭园、幸福体验园和幸福校友名人园，"三廊"即幸福文化长廊、开放式校史长廊和STEAM教育长廊。

第一，幸福阅读园。幸福不仅来源于健康的身体素质，也来源于丰富的精神生活。石龙三中建设幸福阅读空间，为学生提供宽阔、敞亮、舒适的阅读环境，丰富多元的阅读文本，让学生爱上阅读，在阅读中充实精神，增进幸福。

第二，幸福家庭园。学生的幸福很大程度上来自家庭的幸福。石龙三中评选出 20 个幸福家庭，将他们的幸福笑脸、幸福生活场景、幸福经验等展示出来，激励更多的学生和家长积极建设幸福家庭。

第三，幸福体验园。以清华大学积极心理学研究中心总结的"幸福生活六大模块"（积极自我、积极情绪、积极投入、积极关系、积极意义、积极成就）为基础，运用 VR、AI 等现代科技，建设幸福体验园。

第四，幸福校友名人园（见图1-6）。将学校综合楼下的绿地建设为幸福校友名人园，放置本地名人和杰出校友的雕像，介绍他们通过努力奋斗获得人生幸福的事迹。

第五，幸福文化长廊，长廊中设计了"幸福教育"教育文化石（见图1-7）。将围绕幸福创作的优秀诗歌文章、追求幸福的感人事迹等整理出来，在幸福文化长廊上予以集中展示，让学生能够便捷、全面地了解人类幸福文化。

图1-6　幸福校友名人园　　　　　图1-7　幸福教育文化石

第六，开放式校史长廊。将学校综合楼的一层长廊改造为开放式校史长廊，将学校各个发展时期的情况，取得的成就，有突出贡献的校领导和教师，杰出校友等展示出来，让学生了解学校的光荣历史，鼓励学生向杰出教师和校友学习。

第七，STEAM 教育长廊。STEAM 是一种新的教育理念，包括科学（Science）、技术（Technology）、工程（Engineering）、艺术（Arts）、数学（Mathematics）五个方面，它强调多学科、跨领域知识的学习与应用，致力于培育综合型人才。学校把综合楼的一层长廊改造为 STEAM 教育长廊，系统介绍 STEAM 教育的来源、内涵、结构、意义等，增进学生的了解，激发学生的学习兴趣。

"四园三廊"幸福空间的建构坚持以教育性、科学性、艺术性为一体，努力协调厚重的历史与新的发展观念、彰显个性发展与追求统一制度管理、以校园文化熏陶三中人与三中人创建三中幸福文化的关系。通过"四园三廊"，让校园的每一处景观都传递幸福，让每一处景观都能增进师生的幸福。

总的来说，校园文化具有教育力量，是品牌学校的灵魂。一所学校给予人最为深远的影响就是它的文化。优秀的校园文化既能给师生创造一个有形的心理"磁场"，又能在无形中"润物细无声"。优秀的校园文化、具有学校个性特征和现代教育思想的学校文化建设是学校发展的基础，只有将学校精神、文化积淀为文化底蕴，最终融以独具特色的品牌形象和文化内涵才能构成学校的核心竞争力，实现学校的可持续发展。

第三节　目标行为化，统筹学校品牌的规划

一所知名的品牌学校是长期积淀的结果，是一个持续不断的努力过程，更是一个综合各种因素整体推进的过程，需要进行精心的策划。在学校品牌建设过程中，制定切实可行的办学目标是至关重要的一环。没有一个全体教职工认同的目标体系，全体教职工心中就会缺乏"共同愿景"，学校也会缺乏凝聚力和向心力。有了科学的目标体系，全体教职工会在行为和态度上趋于一致，对团体成员产生"求同的压力"，进而产生一种"张力"。所有个体的张力结合在一起施加于目标，有助于加快目标的实现，并继续发展为另一个新的目标。《德育报》原总编辑陈茂林曾说："校长要做一个头脑清醒的明白人，心中有目标，工作有方向，用目标激励自己，用目标激励职工"，"有了目标，从何时何处开始变革，就显得比较清楚了"。

所谓目标，就是解决做什么和怎么做的问题。校长需要将学校的品牌建设目标行为化，将办学目标具体化、行为化、可操作化。办学目标需以教师、学生和学校的发展为方向，要切实可行，目标的定位要科学、准确、有价值、能够实现；目标的文字表述要清晰，实施步骤要有层级，还要有可量化的评价体系和指标体系，重点关注学生的发展和校园文化的引领。图1-8、图1-9将学生发展目标细化为几个细项。

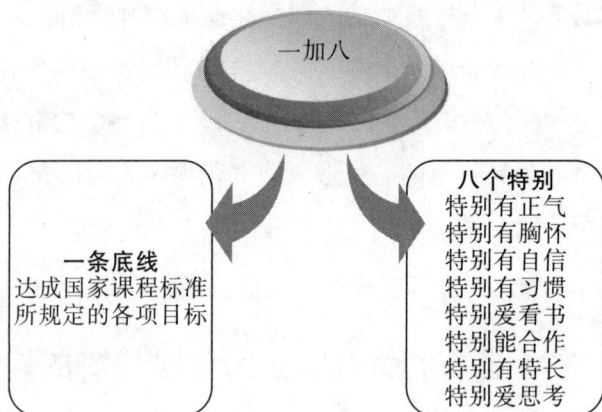

图 1-8 　"一加八"学生发展目标

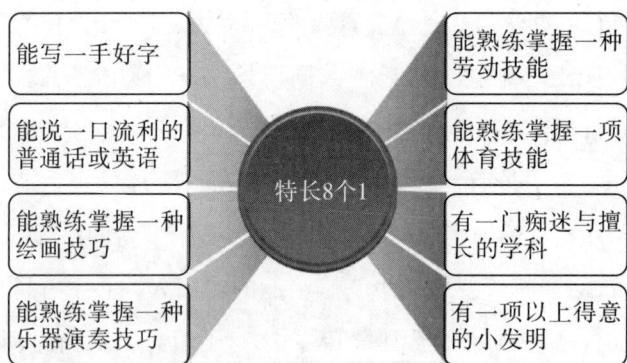

图 1-9 　"特长 8 个 1"学生发展目标

从图 1-8、图 1-9 可以看到，具体化后的学生发展目标将学生所需的品格、技能、思维、人际关系等发展需求，归纳成简单的字词或要点，让人对如何实现目标更加清晰明了。将学校的品牌建设目标行为化不仅能更好地统筹学校品牌规划，也能在品牌规划中更清楚如何实施素质教育。

一、高精准定位，设立系列目标

学校品牌建设是具务实性和前瞻性的大工程，需要统筹规划，分步进行。需要经过理论、理念、文化建设之后，再把品牌建设思想转化为教育行为。一般来说，需要经过三个具体实施阶段：挖掘期—拓展期—巩固期。

第一阶段是挖掘期，即挖掘自身优势，确定特色项目。学校品牌建设是一个复杂的系统工程，需要在品牌建设整体思想的指导下，选定一个带动学校整体建设的突破口。这个突破口就是学校的特色、优势，是学校发展过程中的闪光点，也是品牌建设的生长点。

第二阶段是拓展期。前面说过，学校品牌建设是复杂的系统工程，必须着眼于全局发展。在特色项目的基础上，生长出其他，既可以复制模式到其他项目上，也可以将特色延伸到其他工作领域中，将学校的课程、管理、科研等各方面工作串联起来，组成有机整体。点燃特色项目，犹如星星之火，照亮一大片。

第三阶段是巩固期。学校品牌建设将促使各项工作优化升级，是学校高速发展的助推力。经过前面两个阶段的努力，品牌建设已有一定基础，接下来学校就要做好阶段性总结与规划，适时调整，有所扬弃，最大限度地发挥品牌推进学校发展的作用。其中便包括完善学校品牌建设的相关规章制度，巩固现阶段的发展成果并形成机制。如此一来，将更好地促进学校各项工作良性开展，有效地推动学校品牌建设进程。

学校需要根据所处的不同发展阶段，以品牌建设整体思路逐步建构和完善自身的教育教学体系，设置学校目标。学校目标还可以形成系列，分为短期、中期和长期。短期目标，一般是在一个学期或者一个学年内要完成什么任务，达到什么要求；中期目标，一般是一至两年内要做好哪些工作，使学校在哪些方面得到明显提升；长期目标，一般是在三到五年内，通过落实短期、中期目标，学校能达到什么标准。如广州市增城区新塘中学在品牌建设过程中，实行"五年规划"——文化定位年、环境改善年、教师发展年、课程建设年和品牌成型年，成功打造"君子文化"特色，树起了一个品牌高中的生动标杆。

一般来说，设立目标的基本要求有五个。第一，明确国家对人才的需求和教育方针，明确必要的法律法规、方针政策。这是确定目标的依据，也是出发点。第二，分析本校的实际情况，从实际出发设立目标。这是落实目标、付诸实践的关键。第三，目标要有连续性，既要考虑学校长期规划的要求，又要承接前一阶段的工作成果，包括处理前一周期中遗留的重大问题。第四，目标要有创新性，学校要不断提出新的目标和任务，在承接过去成果的同时有所突破、有所创新。

第五，目标要有群众性。学校目标规划是需要学校全体人员为之共同努力实现的，所以学校品牌建设的目标规划需要考虑群众的需求和条件等，在制订过程中要有群众参与，要得到群众认同。

以石龙三中为例，发展幸福教育的长期目标包括如下几点：第一，学校按照"抓质量求生存，创特色谋发展，办人民满意的教育"的要求，将致力营造并聚焦"幸福"理念的学校文化，打造幸福教育，建设未来学校。第二，使学校成为师生共有的"校园环境优美，人际关系和谐，育人机制完善，文化氛围浓厚"的"幸福乐园"，为学生的幸福人生奠基，让教师成为终身幸福发展的教育专业人才。第三，把学校创建为"校园文化有品位、教师队伍有活力、教育教学成风格、教学质量求高效、学校办学有特色"的幸福教育品牌名校。

如果只有长期目标就容易缺乏持久的动力，如果只有短期目标则缺少长远的布局眼光。因此，在学校品牌建设中，要将学校发展目标形成系列，对长期目标进行高精准定位，然后通过阶段性目标的制定和逐步落实来推进长期目标的实现。

二、全方位统筹，制订精细规划

组织战略必须有明确的规划和指标。以北京十一学校为例，学校以"创造适合学生发展的教育"为使命，在特定的战略里重点改进课程架构和课堂教学。为此，学校制订了详细的战略规划，其目标是：一流的质量，卓越的团队，让教职工享有体面生活的待遇，打造师生精神家园和成长乐园的和谐学校。关键成功因素为：教师、课程、个别化、内动力、国际化、数字化、生源、标准化，并详细制定了学校的价值观与行为准则。[①]

以石龙三中为例，2018年学校还处于品牌的挖掘期，故拟订了学校工作的十项规划，具体如下：

1. 依法办学，大力创建广东省依法治校示范校。
2. 安全先行，全方位多维度营造平安和谐校园。

① 李希贵. 学校如何运转［M］. 北京：教育科学出版社，2019：25－31.

3. 举旗定向，深度研究教育质量目标达成提升方案。

4. 笃行课改，借力教育信息化融合创新深探智慧教育。

5. 创新德育，用仪式感落实主题活动育人宗旨。

6. 沉淀文化，积极培育幸福教育校园文化品牌。

7. 家校联动，全面落实石龙三中家委会责任章程。

8. 立足素质，以课程化管理推动师生并向发展。

9. 规范办公，坚持"制度第一"促进学校管理务实高效。

10. 用心服务，确保用水用电饮食等后勤保障安全顺畅。

在 2018 年学校十项规划取得一定成绩的基础上，2019 年继续推进品牌建设工程，拟订新的十项规划，具体如下：

1. 明确目标，达成中考取得优秀成绩。

2. 群策群力，大力推进集团化办学。

3. 外引内联，继续深探教育信息化融合创新。

4. 文化立校，打造幸福教育品牌学校。

5. 特色引领，打造书法教育语言文字特色学校。

6. 强师弘德，"三亮"为先强化学校党建工作。

7. 活动育人，全面落实推进课程超市。

8. 优化措施，推进学校半封闭管理。

9. 策略研究，促进学生素质发展。

10. 名师引路，推动教师专业发展。

可以看到，石龙三中 2018 年和 2019 年的规划具有承接性，是依据学校的阶段发展情况制订的。例如，从"沉淀文化，积极培育幸福教育校园文化品牌"到"文化立校，打造幸福教育品牌学校"，说明幸福教育在学校建设中有了一定的基础，并且是具有可发展性和前瞻性的；从"创新德育，用仪式感落实主题活动育人宗旨""立足素质，以课程化管理推动师生并向发展"到"活动育人，全面落实推进课程超市"，进一步深化课程改革，让课程更加系统化、多样化。

一言以蔽之，如何准确确定学校的品牌理念和文化，已成为学校的重大议题。面对新时代的教育要求，学校只有主动适应社会发展、国家教育战略需求和人才市场需求，根据自身条件，准确定位、明确目标、突出办学特色，保持学校各项工作全面、持续、协调和快速发展，才能有效提高学校整体办学水平，在社会、业界树立具有影响力的品牌。

第二章

课程与课堂——品牌学校的核心竞争力

　　课程有特色，课堂才会有生机，办学才能有质量。课程作为打造学校品牌的"生命线"，是学校落实育人目标和打造学校品牌的出发点与落脚点，即以课程改革为支点催化学校品牌发展之路。

　　学校应依据自身校情，结合专家和教育部门意见，明确学校的特色定位，并以此为根基建设和实施特色课程，凝聚师生内在的生长力量，让师生成为课程建设、课堂实践的共同创生者，共同塑造学校品牌、经营学校品牌、成就学校品牌。

第一节　课程结构化，承载学校品牌的核心

学校品牌的核心竞争力是学校的课程。课程是学校发展的核心要素和关注焦点，是判断学校特色真与假的"试金石"，是学校特色能否落地、生根、开花、结果的重要载体。任何学校在特色发展过程中，都需要通过课程建设来彰显学校特质，并有效支撑学校特色的形成。只有通过课程才能形成包括目标、内容、实施方式、评价等在内的教育链条，才能整合学校所有的教育资源为学生服务。因此，学校有了明确的特色定位后，便应思索如何通过课程改革来实现学校特色发展。

何为"课程"？概括而言，就是有计划地安排学生学习的过程，使学生获得知识、参与活动、增加体验。课程即计划，课程即经验，课程即知识与技能，课程即教材，课程即科目。课程一词最早出现在英国教育家斯宾塞《什么知识最有价值》一文中，它是从拉丁语"Currere"一词延伸出来的，其名词形式意为"跑道"，课程即为不同的学生设计不同的跑道，其动态形式则为"奔跑"。那么，课程的着眼点就是个体认识的独特性和经验的自我建构。从课程的字源来说，课程是尊重每个个体的需求和不同的成长方式。"如果我们能够在可能的情况下更多地开辟一些每一位孩子'奔跑'的道路，就能够帮助每一位学生找到自我。"[1]

一、课程建设存在的问题

在当今"应试教育"仍有较大市场的背景下，不少学校能够放下包袱，从"育分"走向"育人"，坚持自己的特色发展，重视学生的需求，坚持多方面开展校本课程，探索适合学生未来成长的素质教育之路。然而，在实际工作中，课程建设难免出现各种问题。

第一，课程建设既过于空泛也不"接地气"。首先，课程开发脱离学生实际

---

[1]　李希贵，等. 学校转型：北京十一学校创新育人模式的探索［M］. 北京：教育科学出版社，2013.

需求，空有"表面功夫"而无本质价值。观察各个学校的校本课程可以发现，校本课程的开发存在两种倾向：一种是"教师导向型"，依据教师的特长，有什么样的教师，就开设什么样的课程；另一种是"学校导向型"，根据学校现有的特色项目需求（如书法、科技、体育、美术等特色项目）盲目地进行课程开发，没有基于学生发展核心素养的要求，没有考虑本校学生的个性发展需要、学校资源等。在这样的倾向下，学生只能亦步亦趋地去适应教师、适应学校，课程的育人效果大打折扣。其次，课程文化与学校精神文化、核心素养等要素不相容，无法真正落地生根。不少学校在建构课程文化时，会忽略学校精神文化层面的要素，如学校的教育哲学、办学理念、愿景目标等，导致出现课程文化与学校文化"两张皮"的现象。这样一来，难以体现将学校追求的课程文化内核用来直接引领课程开发与实施，并落实为各类课程开发与实施主体的价值观念、行为准则和思维方式。若要真正发挥课程文化的作用，就是要让其能够直接指导构建有特色的学校课程体系、目标、结构、形态等，让国家的核心素养、育人意志作为课程文化的核心元素直接融入学校的课程文化结构体系并具有可操作性。

第二，课程校本化水平不足。这里所说的校本化包括国家课程校本化及校本课程开发。要使国家课程校本化，就必须实现学校课程教学整体的结构性变革；而校本课程开发则需要根据不同学校的实际情况综合诊断、分析、定位。无论是哪一种，都非常考验学校对"校本开发"的专业程度。实际上，很多学校在进行课程校本化时，会出现以下几种情况：一是课程开发选题学科化取向明显，缺乏科学性、规范性，经验化、随意性强，缺乏横向的跨学科改革；二是课程要素建构及表述缺乏技术规范要求；三是校本化改革主要停留在形式上，缺乏课程内容的改革；四是教师校本教研能力不够，无法适应课程改革节奏。

第三，课程体系存在重知轻能、重知轻育的现象。一方面，如第二点所言，许多学校课程开发选题学科化取向明显，这是因为这部分学校沿袭分科教学的传统课程文化方式，仍以学科本位的课程观为主导，以传授知识为主。在这样的观念下，学校虽然设置大量课程，花费充足时间实施教学，但是学科教学容易呈现出单向度趋势，把知识的传授衍化为单纯的知识识读和知识记忆，也就变成了偏重"知识"取向，忽略了"经验"和"社会"取向。另一方面，过于强调学科知识也让各学科之间的壁垒更加牢固，导致各学科之间互不相通，学生无法连接具有共性的知识点，常常出现知识点重复渗透、记忆。当下，学科融合是课程改革的一大趋势，是深度学习的途径之一。因此，若想发挥课程育人的实际效用，就要避免单向注重知识传授的学科教学，让学生在学科融合中实现高效学习，打通知识与生活、知识与经验、知识与育人的通道。

第四，课程实施存在弊端和漏洞。保障方面，学校课程缺少一定的教育经费和教学资源，影响了课程的开发和实施。教师方面，专业素养不匹配的问题影响课程实施的效果：一是依然演绎传统的角色职能，未能及时更新课程理念，没有全面、深刻地理解学校特色课程文化理念，实践中缺少课程意识、文化意识、学生意识、情境意识、问题意识等；二是能力与课程知识不匹配，如整体把握课程教学、课程资源校本开发、知识储备与动态生成、调整内容重组结构、差异指导课程学习等能力不强；三是课程理论与实践脱节，如没有掌握系统课程理论的真义，不能主动运用所学理论理性指导自身的课程教学实践变革。评价方面，课程评价呈单向性、单一性，不能很好地指导学生发展。

课程建设是"观念"和"知识"的重构，美国著名课程论学者威廉·F. 派纳总结道："课程不再是一个事物，也不仅是一个过程。它成为一个动词，一种行动，一种社会实践，一种私人的意义，一种公共的希望。"[①] 新课程理念要求教育者能够与时俱进地更新课程教学的学生观、学习观、教材观、课堂观、评价观等，因此，学校特色发展必须抓住课程建设这一核心，用课程推动学校进步。

二、构建课程体系的策略

课程构建最主要的是要形成体系和规范规划，需要学校在办学理念的核心引领下形成课程文化和体系，并制定一定的课程规范。课程体系建设的逻辑起点是育人目标，而育人目标的上位是教育理念和办学理念。课程体系的构建是学校育人体系建设的一个杠杆，起着推动变革学校育人模式、形成学校办学特色的作用。因此，学校课程改革追求的应该是学校课程体系的建设。

以北京十一学校为例，该校在课程开发过程中，制定了课程开发的总原则——顶天立地。"顶天"是指遵循国家课程方案和各学科课程标准，依据学校育人目标。比如，核心价值观必须保持一致，必备品格与关键能力要周延，一般

---

① 钟启泉. 课程的逻辑［M］. 上海：华东师范大学出版社，2019.

能力设定要具有一定的开放性。"立地"是指基于学生的成长需求，从学校基础条件出发。比如，课程领域既要关注学生当下兴趣，注意唤醒不同学生的潜能，也要能满足学生需求，激发教师的教育教学潜能，达成育人目标。

课程体系的构建需要重建课程观、教学观、学习观，以弥合个体与课程的断裂、个体与教学的断裂、个体智力与人格发展的断裂。笔者在各理论性研究和案例实践探讨的基础上，梳理出以下课程体系构建策略。

（一）提高校长课程领导力

校长是高品质特色课程创建的核心领导主体，是特色课程文化的第一责任人。所谓校长课程领导力，主要是指校长领导教师团队创造性实施新课程、全面提升教育质量的能力，是一个校级团队决策、引领、组织学校课程的实践能力。它是指以校长为核心的学校课程共同体，根据培养目标和办学定位，领导学校课程设计、实施、评价和课程文化建设过程的能力；更是校长及其领导团队领导学校课程实践活动中的全体成员创造性地实施课程、培育学校课程品质，达成学校课程愿景、构建学校特色文化，提升学校教育效能、引领教师专业化发展，优化学生学习效果、促使学生可持续发展的能力。

校长课程领导力贯彻在课程建设的全过程，包括课程价值的理解力、课程方案的设计力、课程内容的研发力、课程实施的组织力、课程评价的指引力、课程文化的构建力、课程管理的统筹力等。提高校长课程领导力需要校长拥有现代课程观，提升自身的课程领导素养，对课程系统进行思考、整体把握。可以说，校长课程领导力是学校特色发展的应然选择。

（二）拟定清晰的课程目标

课程目标是指课程本身要实现的具体目标和意图，是指导整个课程编制过程最为关键的准则。具体而言，课程目标是指学生完成课程学习后所要达到的知识、能力、素质方面的要求，也就是按照学生培养方案的要求来拟定课程目标。拟定课程目标时，要坚持知识、能力、素质有机融合，注重提升课程的高阶性、突出课程的创新性、增加课程的挑战度，契合学生解决复杂问题等综合能力养成要求。

如北京十一学校确立的课程育人目标是"学校着力于培养志远意诚、思方行圆，即志存高远、诚信笃行、思想活跃、言行规范的社会栋梁和民族脊梁"。具体内容是"通过引导学生进行职业与人生规划，确立远大目标，启发学生立志成为某一领域的领军人物或杰出人才；诚信做人，让每一位学生成为值得信任的人；强化学生自律意识，培养学生自主管理能力，鼓励独立思考，培养有自己想法的学生"。从奋斗目标、做人之本和生存之道三个层面概述了学校培育人的方向与宗旨，阐释了教育的真实内涵和真正目的，以尊重学生主体、对学生未来负责为价值追求，注重教育本质、本源，彰显了对学生个性、人性和生命的尊重。为实现这一目标，该校注重学生素质的培养，主要有：勇于担当、诚实守信、尊重他人、感恩之心、克己让人、领袖气质与谦虚品格、重视学术成就、全面发展与学有特长。

为让课程育人目标落地，学校一是通过各种活动与平台制造各种机会，并落实到每一位学生身上，让育人目标入脑入心；二是让育人目标与学校整个课程体系和评价体系互相支撑；三是将育人目标与学校各个关键领域联系起来，形成一个有机的系统。

以石龙三中为例，学校立足"有追求、有良知、有文化、有修养、有担当；会生活、会学习、会沟通、会感恩"的"五有四会"这一核心育人目标，围绕"时代需要""学生需求""学校追求"三个愿景，做好课程建设的顶层设计，以学生为中心，实现活动育人、课程育人。学校基于核心素养建构了包含拓展型课程、创新型课程、开放型课程在内的课程体系（见图2-1）。该课程体系围绕立德树人根本任务，以课程标准为依据，以发展学生核心素养为总目标，深入推进"突出以学生为中心、突出充分发挥学科育人功能、突出信息技术与学科教学深度融合、突出提升教师素养、突出多元评价"等五个方面的课堂变革，并围绕发展学生核心素养的总目标对不同课程类型进行目标分解。其中，拓展型课程是基于学生兴趣建设的，采用走班制组织实施，以实现自主选课、课程推送，满足学生的个性化学习需求；创新型课程突出融合的特点，注重学生创新思维能力、创新实践能力的培养；开放型课程目标在于满足学生的个性发展，通过线上和线下开放式课程，让学生能够自我探索、自我激励。

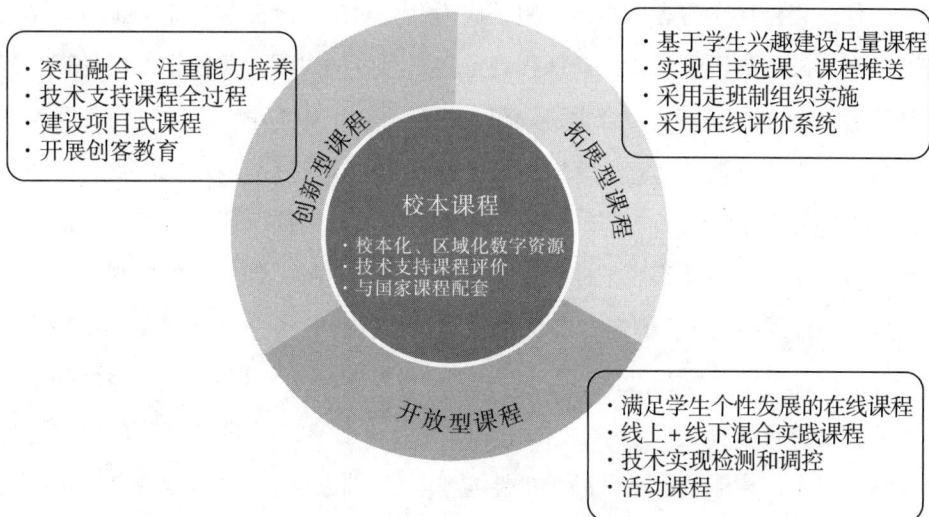

图2-1　石龙三中基于核心素养的课程体系

（三）准确理解新课程理念

学校特色课程实施的最大挑战不只来自课程设计，更在于教师观念与教育方式的变革。首先，实现课程观念转变。由学科教学向跨学科教育升级、由学科课程观向素养课程观升级、由知识技能向能力品质升级，强化教师的整体思维、关系思维和过程思维。其次，提供专业支撑。通过推进教师的校本研修，因校制宜地实现国家课程有效整合和课程资源二度开发支撑，地方课程资源校本转化支撑，校本课程系统创生实施支撑。最后，形成课程能力结构，促进教师在课程实施中不断提升课程理解力、决策力、开发力、管理力、研究力、引导力、评价力等。以上三点都需要基于课程实施主体对于课程标准全面、正确、深度的把握。新课程标准直接关系着今后课程教学改革的基本走向。为此，学校要认真学习新课程标准，全面理解、准确把握修订后课程标准的精神实质和主要变化，引领教师调整教学观念和行为，理性应对课程标准的新变化并组织教学，不断提高教学质量和水平。

我国正在实行新课程改革，《基础教育课程改革纲要（试行）》中虽然没有明确解答新课程观是什么，但自20世纪70年代以来，我国逐渐兴起了新课程观，主要呈现以下两方面的变化趋势：

一方面，注重学习者的经验和体验。旧的学科课程观将课程与学科内容等同起来，使课程排斥学习者的直接经验，成为社会对学习者施加控制的工具，学习者的权利和发展得不到保障。新课程观重视学习者的发展，关注学习者的现实经验和体验，并在此基础上整合学科知识，将学科知识作为学习者的发展资源。

另一方面，强调"过程课程"。旧的学科课程观过分重视"结果"和"成绩"，课程目标的价值取向是追求预设的确定结果，偏重于课程的工具性而忽视过程本身的价值。新课程观把课程视作一个学习的过程，课程价值的视域变得宽广。这种过程课程观使人们走出预期目标和计划的限制，关注教学情境，把教育目标、计划整合于教学情境之中，促进人的创造性发挥，立足于学生的终身发展。

总之，特色课程的开发应注重教师的潜力和创造，以共同的教育理念为媒介，在探讨交流中激发出教师的积极性与参与性，促进教师的专业成长。可从以下三方面入手：

第一，课程标准新变化了然于心。要熟知新课程标准的核心变化。一是德育为先。强调社会主义核心价值体系及其与各教材内容的紧密结合。二是能力为重。把创新精神和实践能力的培养要求进一步落到实处，丰富能力培养的基本内涵和要求，强化实验与实践的规范。三是与时俱进。注重反映时代精神，合理吸收社会发展和科技进步的新成果。四是减轻负担。根据学生认知特点和教学实际，从标准层面科学安排课程容量和难度。

第二，课程标准新理念落实于行。要深刻领悟"四基"培育理念：即教学中着眼于"人"的整体发展，注重对学生基础知识、基本技能、基本思想、基本活动经验的培养，努力放眼长远，注重长效，力求每节课都体现这些目标。通过引导学生主动学习、独立思考、动手实践，让教学散发出迷人的自主文化气息，为学生留下知识、留下思想、留下经验、留下习惯、留下智慧，使其潜移默化地积淀成为人的发展最需要、最深厚、最基本的东西。

第三，课程标准新挑战修炼于能。要明晰新课程标准对教师提出的更高要求：一是进一步修炼将先进理念转化成实践行为的能力，主动学习新课程标准相关理论，着重在自我内化上狠下功夫，形成有效指导实践的教学自觉。二是进一步修炼把握学科教学"度"的能力，力求处理好过程与结果、水平与结构、学会与会学、通识与差异的关系。三是进一步修炼教学中理性思考、丰富涵养、生成智慧的能力，全方位地为促进学生"三维"素质发展提供优质服务。

（四）整合开发教育资源

课程建设离不开构成课程的基本要素课程资源。资源决定着课程教学的宽度、厚度和深度，决定着教学效益和课程质量。要形成有特色的校本课程，需要学校从纷繁众多的资源中找准切入点，寻求特色亮点，组织开发团队进行重点打造。李希贵指出，在整合资源的过程中，要围绕"服务于学生的学习"这一基点，"资源必须师生共建，师生公用；要通过构建机制，让资源良性运行；资源要用数字化表达，信息化管理，提高效率；资源必须形成一套系统"①。

笔者结合多年的学校管理经验，总结出以下几点可供参考。

第一，开发路径。归纳起来可分为五大方面：教育科研成果校本化、学科兴趣活动校本化、德育主题活动校本化、科技创新教育校本化、学生成长体验校本化。教育科研成果校本化就是选择学校在教育科研中已经取得成果的研究课题作为校本课程开发的基础，如石龙三中充分发挥广东省教育信息化提升工程2.0试点校的优势，结合三维课堂教学模式的研究，开发出"三维课堂"系列学案。学科兴趣活动校本化旨在满足学生的个性差异和不同选择的需要，如石龙三中在创建幸福教育的过程中，结合学生兴趣和教师特点，形成了以"一轴三驱动"为主的课程活动体系。德育主题活动校本化即按照课程设计德育活动，每一项活动坚持做到"五有"：有活动愿景、有活动目标、有策划方案、有过程跟踪、有效果评价。科技创新教育校本化，旨在落实素质教育，培养学生的创新精神和实践能力，如石龙三中充分利用广东省科技教育特色学校和广东省科学创新示范校的资源优势，挖掘科技人文，赋能品质教育。学生成长体验校本化即关注不同学段学生的成长规律，为各年级的学生开展适宜的成长体验活动。

第二，开发主体。课程的开发与教师直接相关，教师是校本课程开发的主要承担者、实际操作者。要使教师成为校本课程开发的主体，就要赋予教师在开发过程中的主动权，要让教师能针对学生的实际需要和自己的专长对校本课程开发提出建设性意见，让教师在校本课程开发中自主选择、自由发挥，这样才能充分调动教师参与课程改革的积极性。同时，要重视教师团队的作用，发挥课程专家、学生家长和社区的力量。让教师在开发过程中，适时地与专家、同事、校外

---

① 李希贵，等. 学校转型：北京十一学校创新育人模式的探索［M］. 北京：教育科学出版社，2013.

专业人士积极探讨、共同切磋，使校本课程精益求精，提升品质。

此外，校本教材是校本课程的重要载体。校本教材不仅是教师教学用的教材，也是学生自主学习的工具，实现了从课程资源到学习资源的转变。例如，石龙三中在品牌创建过程中，结合学科课程和综合实践活动课程，开发了特色校本课程。目前，石龙三中有 27 项特色校本课程，有数学《三维导学案》、德育《小故事 大道理》等校本教材。其中，《小故事 大道理》校本教材荣获市德育工作成果优秀奖，《三维导学案》校本教材在广东省内 20 多个市县使用。

（五）建立课程创设平台

信息技术的飞速发展为学校特色课程的实施提供了更为广阔的可能，网络、电视、报纸等媒介便于学生获取大量的资料，通过对资料进行筛选、整理来支持各类课程活动。尤其是"互联网＋特色课程"，可以专门建立在线活动平台，采用线上、线下互动学习的方式进行，还可以通过平台提醒学生按时完成学习任务，组织相关交流讨论，让研究性学习、合作性学习、体验性学习真实发生，体现课程学习的智慧情景。

通过搭建基于现代信息技术的特色课程专业平台给予相应的专业支持，集中体现在以下两个方面：一方面，建立指向特色课程的专业支持平台。为了更好地实施学校的特色课程，需要校长高度重视学校特色课程专业平台建设，包括学科探究平台、活动展示平台等特色课程平台。另一方面，创建"互联网＋特色课程"专业平台。校长需要引领教师注重充分利用现代信息技术支持课程建设的应用价值，加大创建特色课程与整合信息技术的力度，建立相应的专业支持平台。

（六）加强课程实施指导

学校发展以学生发展为本，那么校本课程建设的本源也应指向学生，以学生需求为出发点，丰富学生的学习方式，培养学生自主学习、合作学习、探究学习的能力，夯实终身学习的基础。

一般而言，校本课程有以下几种类型：一是学科拓展课程，主要是结合学科拓展内容和研究学习方法；二是主题活动课程，主要是指校内的以学生为主体的系列活动；三是综合实践课程，主要是指学生在校外所进行的社区服务，如走进高校、企业、军营、农村等社会实践；四是研究性学习课程，从学科拓展、主题活动、社会热点、社会现象、自然现象、经济问题等方面入手，涉及人类、自然、社会、科学、技术、经济、文化、军事、历史、体育、艺术等各个方面，以组织学生个人或团队的方式，用类似科学研究的方法进行学习，组合课程；五是德育课程，涉及家校互动、社区合作、品德提升、思想教育等内容，主要侧重于学生的精神成长。此外，还有环境课程、潜在课程、短期课程等。

校本课程的实施形式十分丰富，按校本课程的类型与内容，可分为以下几种形式：一是植入式，即将课程列入课本，每周每班全体学生进行活动；二是渗透式，即将特色课程渗透在各学科的教学之中，包括教案的编写、教学过程的实施、教学结果的评价等各环节；三是延伸式，即在基础性课程的基础上对某一方面加以延伸；四是镶嵌式，即特色课程的实施没有固定在某一节课，而是结合具体内容、教育时机，镶嵌在某一教育教学环节之中（如升旗礼、班队课）；五是节庆式，即集中一个阶段，以节日的形式进行特色课程的学习，如英语节、科技节、阅读节等。

在校本课程实施过程中，要注重对课程标准细目的拟定编写，让课程成为教与学的依据。在新课程改革中课程标准代替了教学大纲，一线教师对各学科的教学大纲非常熟悉，但对国家课程校本化、校本课程个性化还比较生疏，所以有必要制定具体的课程标准细目，以便教师在教学过程中有纲可依。

为让课程标准细目更具指导意义，标准细目需具备以下特征：第一，表述具体清楚，明确每个课程要教学生什么并细化到每一个点上。第二，可操作、可量化。国家课程标准中大量出现"理解""掌握""运用"等词，以此区分学生在能力发展上需要达到的不同层级。但对于一线教师来说，什么程度才算是"掌握"大多按照个人的经验和理解来判断，无法达成统一标准，这让教师和学生都没有"抓手"。课程标准细目就要将每个知识点、能力点量化。第三，按照学生的不同水平分层设计，让教师和学生更好地把握自主学习的程度，并按照不同的层级进行分级设计和描述。例如，北京十一学校的高中英语阅读课程，按照学生的阅读能力从低到高分为三个层级，对每一个目标层级都列举了阅读练习要求和阅读提示，并提供了相应的阅读范例（见表2-1）。细化的课程标准不仅给教师教学提供了指导依据和诊断依据，也给学生提供了自主学习的"脚手架"，使学生在学习时做到心中有数。

表 2 - 1　北京十一学校高中英语阅读课程目标范例①

阅读技能			
Unit 2　Exposition（说明文阅读）			
目标分级	一级	二级	三级
目标表述	1. 获取主旨大意 2. 获取说明文的细节，理解"是什么"，明白"为什么"	整理和提炼信息，画出文章结构图	对文章进行缩写
阅读提示	1. 阅读时可以通过看题目和把握段落主题句来明确说明对象。主题句常出现在段首或段尾。获取主旨大意的意识是做快速阅读时必须具备的 2. 说明文的写作目的往往是要解说事物，阐明事理。在阅读时，需要把握事物的特征，解释事物的本质属性	将文章中的信息进行整理和提炼，对文章的理解会更加深入。可以通过总结段落大意，还可以在逐段概括要点的基础上，用"合并同类"的方法把全文划分为相对独立的几部分，概括出每部分的大意，再把每部分的大意依次连接起来，就能比较清楚地显示出全文的说明顺序了。在理清说明顺序后，分析段落之间的关系：是并列、递进关系，还是总分关系？是由现象到本质，还是由个别到一般，或是从结果到原因？可以通过 mind map 的形式梳理文章的结构，这时文章的阅读就很到位了	将整理提炼出来的文章主要内容信息进行加工，就变成对文章的缩写。这是一个很重要的概括能力和表达能力。整理和提炼信息的能力和书面表达能力是比较高的能力要求，需要持久训练

阅读范例：

Unit 2 Lesson 7　What's a University Education Worth?

In 2006, the UK government started to allow universities in England and Wales to charge British students tuition fees. As a result, more than 80 percent of students in England...

---

① 李希贵，等. 学校转型：北京十一学校创新育人模式的探索 [M]. 北京：教育科学出版社，2014.

加强课程实施指导，为课程实施指明行动方向，才能保障课程的有效性。尤其是面对不同类型的课程，其实施形式、方法必定不一样，要避免用统一的标准指导不同的课程。在基于课程理念和目标的大纲上，给予不同课程对应的实施指导意见、准则、方法，使课程规范化、人性化、科学化。

（七）变革课程评价方式

需要强化课程评价环节，以了解学校特色课程整体建构的最终效果。评价为特色课程的实施起着"导航"作用。在现代课程理论之父拉尔夫·泰勒的模式中，课程、教学、评价是一体化的。因此，在特色课程整体建构中，要使整合了的课程能够适合学生、成就学生，让学生的生命在课程各个领域的融合中得到持续不断的增值，就必须充分发挥课程整体评价的作用。课程整体评价既要关注教师主体立体建构特色课程的状态，如主张的鲜明度、课程的生态度、实施的创生度、成效的显性度；也要聚焦学生学习成果的状态，如知识与技能、过程与方法、情感态度价值观"三维"的整合度体现，以及在复杂的、不确定的现实情境中，学生能综合运用学科知识、思想方法和探究技能发现和解决问题的学习品质。尤其要以"重过程、重选择、重激励"为评价原则，关注课程评价的丰富性和多样性，力求不同类型的课程采用不同的评价方式，而每一种评价都要制定相应的评价标准、实施策略等。

石龙三中在创建品牌学校的过程中，也不断地完善学校课程评价系统。结合综合实践活动课程，对校内活动进行"活动课程化"管理，明确目的，探索成熟的考核制度和方法，提高第二课堂、社团组织等活动和工作的成效。如《石龙三中校本课程评价制度及反馈》所示，学校在实施校本课程中分为对教师的评价和对学生的评价，并针对性地制定完整的评价标准。让评价促进课程优化，引领教与学，让课程因评价而更加灵动。

石龙三中校本课程评价制度及反馈

为了进一步推进品牌学校的建设，打造幸福教育，成就学生的幸福人生，同时为了适应社会发展与课程改革、符合学校校本教育特色发展、实现学校创新教育的需要，石龙三中围绕"依托校本课程，建设品牌学校"的工作要求，开设并管理好形式多样的校本课程，特制订本评价制度方案。

一、校本课程的实施

（一）成立校本课程实施组织机构

为了使校本课程得以顺利开发和实施，学校成立了以校长为组长，主抓教学的副校长为副组长，教务处主任、教研组组长为成员的校本课程领导小组，负责统筹规划、课程评价、教材编写与管理、教师培训等工作，确保校本课程开发工作健康发展。

（二）课程设置

校本课程上课时间固定为周三下午第6~7节，由各教研组根据幸福品牌学校与学科拓展相结合的原则，制定各学科的特色校本课程（共开设25门课程）。同时也与校外优质教育资源合作，引进第三方校本课程资源作为补充，如硬笔书法协会、舞蹈协会等。

（三）校本课程实施管理

1. 学校管理

（1）学校教务处负责构思并制订校本课程开发工作的实施方案，教导处做好指导、研究、实施、评估等工作。

（2）学校教务处制定校本课程管理的有关规章制度并组织实施和考核。

（3）学校组织教师进行校本课程的理论学习，规范教学行为，提高教育教学能力。

（4）教务处注意积累课改资料，及时提供教改信息。

（5）学校领导要经常深入校本课程课堂，指导听课、评课工作，和实施教师一起研究教学，保证该课程的顺利实施。

（6）教务处做好校本课程实施的经验推广和应用。

2. 教学管理

（1）校本课程上课教师每学期根据教学内容制订教学计划、教学进度，撰写教案。做到认真备课，认真上课，认真考核，充分发挥校本课程的育人功能。

（2）重视教师配备。选择有特长、有事业心、有创新精神的教师担任校本课程的教学工作。

（3）重视教师培训。采取集中培训和个别学习相结合、走出去与请进来相结合等多种方式，对实施校本课程的教师进行上岗培训，定期组织理论学习，集体教研，以提高校本课程的施教能力。

（4）重视校本课程的评价。校本课程的评价将以激励性评价为主，重视教师和学生的过程评价。

（5）重视对校本课程的指导。在校本课程实施过程中，将邀请有关专家和上级领导及时指导、帮助，以使课程开发更具实效性。

二、校本课程的评价

（一）对教师的评价

对教师的评价重过程，建立发展性的教师评价体系。学校采取期末检测考核的办法对教师实施单项考核，考核指标等同于其他学科考核。根据教师工作量化指标算出积分，评为优、良、中、差四个等级。评价方式分为自我评价、学校领导评价、学生及家长评价三部分。

（二）对学生的评价

对学生采用激励性评价方式，注重学生主体参与实践的过程和在这一过程中所表现出来的积极性、合作性、操作能力和创新意识。过程评价与结果评价相结合，关注学生的个体发展，尊重和体现学生的个体发展，以促进实现学生自身价值为最终目标。在实践中主要采用自我评价、教师评价、活动评价三种评价方式，根据学生的参与程度、课堂发言、作业情况、问卷调查及活动记录给予相应的学分评价，一共分为四个等级：A（10分）、B（8分以上）、C（6分以上）、D（6分以下）。表2-2是石龙三中校本课程评价反馈表通用样式。

表2-2　石龙三中校本课程评价反馈表

填报日期：××××年×月×日						第×周　星期×	
项目名称						负责人	
出勤情况	学生人数		缺席人数		缺席名单		
教学内容							
教学情况反馈							
课程开展建议							
课程评价方式	1. 对学生的学习评价：①理论知识的掌握；②操作方式的掌握；③操作的正确性 2. 学生对本课程的评价：①在实践过程中能否正确体现理论知识；②能否提高学生的相关素养						

三、幸福课程体系的构建

在城市化进程中，我们会发现在城市绿化中存在单纯求快求美的现象，造成绿化"伪生态"。那些违背植物自然生长规律的做法不仅不能真正实现美化环境的作用，还会降低生态效益，容易暴发病虫害。城市绿化，应尊重自然，注重生物多样性，让每个城市"长"出自己的模样。育树如此，育人又何尝不是？"能顺木之天，以至其性焉尔"，教育同样要尊重学生的天性和特点，让学生能够在自由的呼吸空间中成长。学校建设的特色课程，应以学生为主体，调动学生的学习兴趣，发展学生的个性和特点。

学校的影响力，取决于课程的影响力；学校的创造力，取决于课程的创造力；学校的生命力，取决于课程的生命力。这三种力量的体现主要取决于课程结构。课程结构，简而言之，就是一种组合方式，是不同类别课程的一种有机组合。下面以石龙三中为例，阐述幸福教育下校本课程的体系构建与实施路径。

（一）"3+4×"校本课程体系

石龙三中实施的幸福教育，将始终把学生的幸福成长作为关注的核心，并在此基础上构建幸福课程体系。该体系为基于核心素养的"3+4×"校本课程（见图2-2），即三种课型——创新型课程、拓展型课程、开放型课程；四个类别——学科校本课程、德育校本课程、成长校本课程和科创校本课程；×种课例——由"四个类别"结合"三种课型"衍生出来的×种落地课例。核心愿景是一切"以学生为中心"，以"成就幸福人生"为发展目标。

图2-2 石龙三中基于核心素养的"3+4×"校本课程体系

1. 开课模式

校本课程的开课模式为"2+1"校本课程选课模式，分为必修 2 课时与选修 1 课时（见图 2-3）。必修课面向全体学生，是学校为实现基础性培养目标而开设的学校课程。如"心理健康""硬笔书法""学习方法指导"等，以原有班级为授课单位。选修课面向部分学生，是以满足学生的兴趣需要和发展学生特长为目标的学校课程，如"演讲与口才""剪纸艺术""生活中的物理"等，以临时组成的班级为授课单位（走班制）。

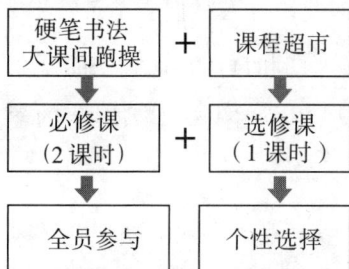

图 2-3 "2+1"校本课程选课模式

2. 教学形式

合作探究型：通过自主、合作、探究学习，把校本课程的学习时间与空间还给学生，使学校课程学习成为生机勃勃的成长过程。

融合创新型：重视信息技术与学校课程的整合，鼓励学生利用网络开展研究。

体验成长型：最有效的学习方法应是让学生在体验和创造的过程中学习。

3. 实施步骤

第一，定案。编写学校课程实施方案，确定必修内容、选修内容。

第二，选课。学生根据自己的需要选择选修内容。

第三，排课。学校根据学生的选择情况排出课表。

第四，上课。根据课表上课。

第五，评价。对课程实施情况进行评估、调整。

（二）"一轴三驱动"校本课程活动框架

围绕"3+4×"校本课程体系，石龙三中整合、完善了校本课程活动，形成了以"一轴三驱动"为核心的校本课程活动框架，通过框架开展丰富多彩的校园活动，让学生在活动中感受幸福、增强幸福。其中，"一轴"指基于"课程超市"的社团建设，"三驱动"分别是"五大主题活动""六大德育留痕活动""五大特色活动"（见图 2-4）。

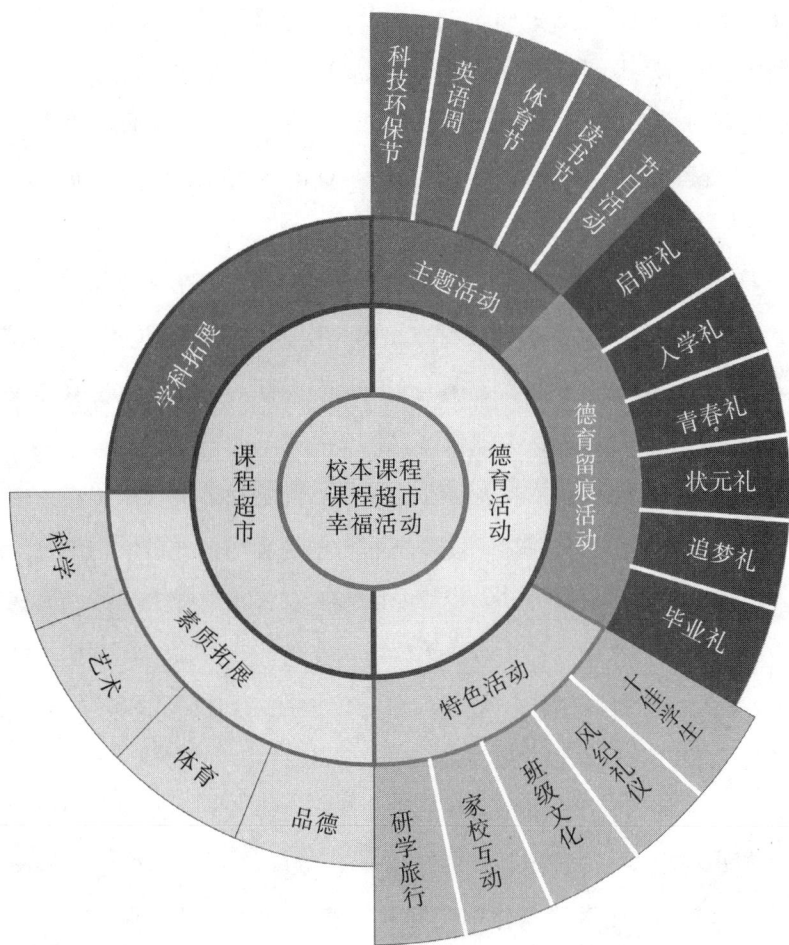

图 2-4　石龙三中"一轴三驱动"校本课程活动框架

1.　一轴：课程超市

"一轴"是基于"课程超市"的社团建设，其初衷在于切实推进课程改革，促进学生个性化发展。过去，传统的课堂教学难以照顾到学生的个人要求，难以满足他们的兴趣爱好。学生的特长和兴趣发展需要靠周末到各种培训学校进行，这样做不但加重了家长对学生的管理难度，还加重了经济负担。为此，学校开设"课程超市"不仅可以解决矛盾，还为培养学生兴趣特长开辟一个广阔的发展空间。特别是在当前"双减"政策①下，在校内为学生提供丰富多彩的特色课程选择，能够让学生的校园生活更加充实、快乐、有意义。

"课程超市"是围绕学校幸福教育的品牌特色开发和建设的多元化校本课程，并有配套的校本教材，项目涵盖各学科，内容丰富，为不同类型的学生提供发展平台。"课程超市"有30～35门课程，包括学科拓展和素质拓展两方面，学科拓展包括语文、数学、英语、道德与法治、生物、地理、历史等学科的拓展培训课程，素质拓展包括人文、科学、艺术、体育、品德等拓展课程。

（1）人文类课程。人文类课程重在培养学生人文素质，包括具备人文知识、理解人文思想、掌握人文方法、遵循人文精神等方面。石龙三中主要开设石龙本土特色文化、国学教育等人文类课程（见图2－5）。

石龙本土特色文化：包括舞龙、非遗制作。舞龙是学校"中华优秀传统文化进校园"系列教育活动的品牌之一。学校将幸福课程与舞龙教学相结合，组建了舞龙队，由体育教师担任教练。学校舞龙队多次在石龙镇青少年舞龙大赛上获一等奖。非遗制作相关课程邀请了石龙镇麒麟制作技艺、红漆描花传统木屐、灯笼仔制作技艺、石龙新昌鼓制作技艺等项目的传承人，到校开展非遗进校园活动，让学生零距离感受传统文化的魅力。

国学教育：学校将国学作为德育工作的重要内容。第一，在校园内布置了众多的国学雕塑，把"格物致知""知行合一""致良知""尊德性"等国学精粹刻于雕塑上，让学生在潜移默化中受到熏陶感染。第二，鼓励学生在课外阅读《论语》《大学》《中庸》《孟子》等国学经典读本。第三，开展国学师资培训，邀请专家学者、国学名师对学校教师进行培训，提升教师的国学素养和教学能力，为下一阶段国学进课表、进课堂奠定基础。第四，开设中国文学人物专题课程，增强学生对文学的认识，提高学生的人文素养和对古典文学的感悟能力。

---

① 2021年7月，中共中央办公厅、国务院办公厅印发《关于进一步减轻义务教育阶段学生作业负担和校外培训负担的意见》，俗称"双减"政策。

图2-5　人文类课程剪影

（2）科学类课程。科学类课程是全面推进素质教育的有效载体，主要培养学生的科学素养、动手能力、创新能力和团队精神，组织和引导学生亲近科学、勇于探索，培养科技创新之苗。学校师生的科学素养，体现着学校不断创新的精神面貌，石龙三中广泛开展科学教育，主要开设 Python 趣味编程、建筑模型设计制作、3D 打印、智能机器人、创客智能物化等科学类课程（见图2-6）。

Python 趣味编程：通过 PBL 项目式教学方式，教授学生 Python 的基本语言、语句及结构化程序设计的基本思想和方法，培养学生运用编程语言解决实际问题的能力。

建筑模型设计制作：内容包括木桥梁制作原理、木桥梁制作方法、木桥梁称重流程、木桥梁比赛技巧等。学生通过自主设计，用实际操作实践学习内容。

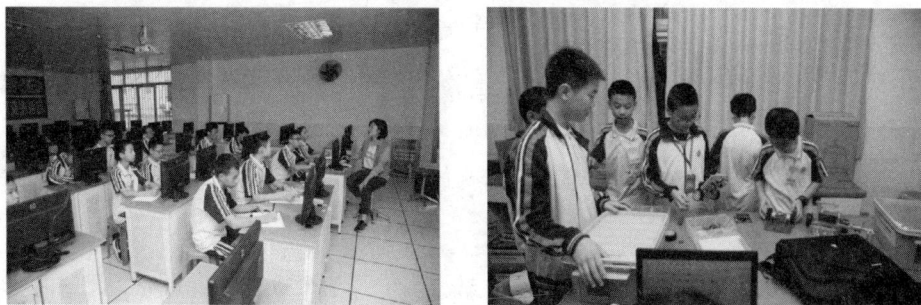

图2-6　科学类课程剪影

（3）艺术类课程。艺术类课程让学生进行体验性、探究性和反思性学习，为学生提供生动有趣、丰富多彩的内容和信息，拓展学生艺术视野，提高学生整体素质。艺术类课程作为义务教育阶段学生的必修课程，对学生的人格成长、情感陶冶以及智能的提高等具有重要价值。艺术类课程除了培养学生的艺术能力外，还培养学生的整合创新和跨域转换等多种能力，促进人的全面发展。目前，石龙三中开展了书法、中国舞、腰鼓、器乐、摄影、绘画、合唱、剪纸等艺术类课程（见图2－7）。

书法：学校积极开展书法教育特色学校创建工作，一是编写《石龙三中汉字实用书写指导训练》校本书法教材；二是按照"每日一练，每周一课"的原则邀请专家为学生授课；三是引进中国硬笔书法等级考试，以自愿为原则组织学生参加中国硬笔书法等级考试，达到以评促学、以赛促学的目的；四是开设书法特长班。目前，学校成功挂牌"广东省硬笔书法名校""东莞市硬笔书法教学基地"。

中国舞：依托学校艺术科组专业的师资力量，以兴趣提升学生素养。团队人数保持在20人左右，参与学校各大型晚会演出、各级比赛。

图2－7　艺术类课程剪影

（4）体育类课程。体育类课程主要以锻炼学生的身体为主要手段，提高学生的体质和健康水平，促进学生全面和谐发展。体育运动能够强健身体，缓解压力，愉悦心情。石龙三中体育类课程主要包括大课间、羽毛球、篮球、足球、田径等（见图2－8）。

大课间：每天运动一小时，健康幸福一辈子。学校推行大课间活动，引导学生更加积极地运动，在运动中增进幸福。

田径：以田径手段及文化内涵培育学生，主要发展学生走、跑、跳、投的基本活动能力，培养学生的竞争意识和合作精神，增强学生对自然和社会的适应能力。

篮球：以篮球的各种基本战术为基础，让学生学会如何"玩"好篮球，学习一项终身体育运动技能。

图2-8　体育类课程剪影

（5）品德类课程。品德类课程以学生良好品德形成为核心，促进学生社会性发展，为学生认识社会、参与社会、适应社会，成为具有良好行为习惯和个性品质的社会主义合格公民奠定基础。石龙三中开设的品德类课程主要有财经素养、爱国主义教育（见图2-9）。

财经素养：以学习创业相关知识为主，让学生了解如何创立和运营一家企业，学习成功创业家的核心品质，掌握问题分析、团队协作、语言表达和创新能力。该课程以课堂教学为主阵地，与学科融合；以项目式学习为主要方式，与跨学科融合；以解决生活中的真实问题为主要目的，与生活融合。

爱国主义教育：升旗仪式是爱国主义教育内容之一，对提升学生的思想道德素质、继承和发扬优良传统有着积极的促进作用。学校组建国旗护卫队，并对队员们开展教学培训和日常操练，以提高升旗仪式的效果，增强升旗的仪式感。

图2-9　品德类课程剪影

"课程超市"的开展秉承"以学生发展为本"的教育理念，给学生的个性发展提供更多的选择，构成了学生丰富的校园生活。在这间"课程超市"里，学生就像顾客，可以凭借自己的兴趣喜好选择校本课程：在"天气预报站"亲手制作风向标并进行风向观测实践，与教师、同学一起"挖掘身边的历史"，走进轻松好玩的配音学习社区，感受"英语趣味口语"的魅力，抑或是浸润在中国传统文化和艺术魅力中，学习舞龙、粤剧、书法等……学生在这样的多元化课程活动里，创新精神与实践能力得到多层次、全方位的培养，个性差异和不同选择的需要得到满足，每一位学生都能选择自己喜欢的事，获得幸福成长。

课程评价方面，"课程超市"主张评价主体多元化、评价手段多样化、评价形式过程化、评价结果个性化，以达到促进学生、教师、学校共同发展的目标。每项课程在一个学期内举行一次展示活动，学期末学校将对活动开展的情况进行考核评估。评估的主要依据包括活动记录、活动成果、师生评价等。

首先，课程评价中的教师评价。重视教师的教育行为和工作态度，通过评价优化教学过程，激发教师的创造性。要防止过于注重结果，特别是过于重视获奖、成果发表等显性效果的倾向。通过问卷调查、座谈、个别谈话等方法，让学生对教师做出评价，以不断提高课程质量，使之更加适合学生发展的需要（见表2-3）。

表2-3　"课程超市"任课教师课堂教学评价调查表

学校课程名称	任课教师	该课程很有价值，我对该课程很有兴趣	该教师工作认真，对同学热情，关注每一位同学	该教师讲课能激发我的兴趣，使我积极参与其中	该教师注意发挥学生的主动性，综合运用自主学习、合作探究等学习方式	欢迎该教师继续给我们开设此课程	综合评价
剪纸							
…							
…							
表扬			建议				

其次，课程评价中的学生评价。一是过程评价，采用作业或成果（作品）评价、过程评价等方式，关注学生学习研究的过程和方法，关注学生的情感、态度和价值观，关注学生的成长过程、个体差异和自我反思。防止过于注重纸笔测验、过于偏重掌握知识与技能的倾向，一般不用考试的方法。二是自评互评，定期填写学习活动情况，做好自评与互评。展示学生的作品与成果，促进学生之间的横向交流。三是成长跟踪，采用等级制记录到成长档案中（见表2-4）。

表2-4 "课程超市"学生学习情况评价表

评价项目	评价内容	评价结果			
		自评	组评	师评	家长评
情感态度价值观	1. 参与活动				
	2. 提出活动的设想、建议				
	3. 克服困难和挫折				
交流合作	1. 帮助同学				
	2. 倾听同学意见				
	3. 对小组的学习有贡献				
实践能力	1. 会用多种方法收集处理信息				
	2. 动脑、动手、动口参与				
	3. 会与别人交往				
	4. 学习、研究方法多样				
成果展示	1. 活动过程记录				
	2. 表演、竞赛、汇报				
	3. 成果有创意				
我对自己说		家长说			
同学说		老师说			
结业成果评价	课程总评		注：评价结果用 A、B、C、D 表示		

2. 三驱动：德育活动

苏格拉底认为，人生的使命就是要照料好灵魂，让灵魂处在一种宁静的崇高的状态。道德是一个人安身立命的根本，教育的使命则是让学生学会安身立命，使其灵魂处于崇高的状态。学校德育的核心指向是促进学生丰盈心灵的生命成长。可以说，德育工作是学校一切工作的灵魂，是学校品牌创建中的关键领域。

校本德育创新活动是学校德育的落脚点，它立足于本校，把德育的目标、内容、途径、方法、管理、评价等要素细化和优化，是在凸显学校地域特色、层次特色和办学特色的基础上，由本校教师集体研究而构建的具体化、特色化、可操作化的学校德育实施系统。

石龙三中始终将德育作为学校工作的重中之重，通过各类课程和活动陶冶学生的情操，涵养学生的品格。在构建幸福教育的过程中，石龙三中形成"留痕德育"的校本德育特色，增强了学校德育工作的时代性、针对性和实效性。学校通过"五大主题活动""六大德育留痕活动""五大特色活动"等推动"留痕德育"工作，打造石龙三中幸福德育品牌。

古诗云"随风潜入夜，润物细无声"，风过有声即为"有痕"，润物无声即为"无痕"。"留痕德育"即为"有痕"与"无痕"两者的统一。在德育活动中，以"有痕"的活动，在学生的成长过程中留下"无痕"的人生印迹。"留痕德育"育人目标明确，始终贯彻立德树人根本任务，坚持五育并举，其基本出发点就是让学生在充满仪式感的活动中感悟、体验、收获生命的幸福成长，从而达到育人无痕的目的。

（1）五大主题活动。石龙三中十分重视校园主题活动的开展，以此为基础，围绕幸福教育理念、"留痕德育"开展"五大主题活动"：节日活动、读书节、体育节、英语周、科技环保节。

①节日活动。节日民俗有着独特的道德教化力量，为开展德育活动提供了广阔的舞台。积极挖掘并利用好节日资源，能够让德育在节日活动中焕发新活力。石龙三中的节日活动涵盖中国传统节日、国际性节日，不同的活动都有特定的主题和相应的活动内容，将德育活动主题化、生活化。

【元宵节：元宵游园活动】

2019年2月19日，石龙三中参与"2019石龙镇青春团聚贺元宵游园活动"。活动中，团委学生会干部、志愿服务学生团队设置了"2019发到猪笼入水"——夹玻璃珠、"千言万语聚变福"——猜字谜、"时空隧道，福气萦绕"——水中吹乒乓球、"金玉满堂，盆满钵满"——掷硬币等游园活动，其形式新颖、参与性强、传统知识蕴含丰富，激发了市民的参与热情。舞龙队在现场进行精彩的舞龙表演，既展示了学校"中华优秀传统文化进校园"系列教育活动品牌的风采，又营造了喜庆祥和的节日氛围（见图2-10）。

图2-10　舞龙表演

【清明节：缅怀革命先烈】

2021年3月29日，石龙三中组织学生前往石龙中山公园周恩来纪念台，举行"缅怀追忆，感恩思源"清明祭扫活动。活动内容包括：清洁公园卫生，除杂草，擦拭铜像；举行祭怀仪式，学生代表向纪念铜像敬献鲜花；师生代表在献词中表达对先烈们的无限敬意并提出倡议。缅怀革命先烈的活动，让学生更懂得在以后的道路上，应该努力学习、勇于实践、不断创新，以追忆先烈们的丰功伟绩，把先烈们留下的珍贵精神财

图2-11　缅怀先烈活动

富代代相传，弘扬革命精神，争做新时代标兵（见图2-11）。

②读书节。"立身以立学为先，立学以读书为本。"石龙三中重视建设书香校园，以读书节为契机，大力推进阅读教育。每一届的读书节都有不同的主题，历时两个多月，开展假期"悦读"、读书手抄报评比、制作书签、名著知识竞猜、经典咏唱比赛等多项阅读活动，并举办总结表彰大会，让活动有计划、有实施、有总结、有反馈（见图2-12）。此外，为深入营造"好读书、读好书、善读书"的书香氛围，学校于2021年11月成立了"少年讲书人"社团，并正式接受了"少年讲书人"组委会颁发的社团牌匾。

图 2 – 12　读书节活动

　　③体育节。随着素质教育的发展，学生身心健康成为教育的重点关注话题，"健康第一"成为学校开展体育活动的指导思想。基于此，石龙三中每年秉承"我运动、我参与、我健康、我快乐"的宗旨积极举办体育节。体育节上，除了个体项目外，还在各年级中加入特色的集体项目，让学生参与率达到100%，如初一年级的迎面接力赛、初二年级的篮球接力赛、初三年级的足球接力赛（见图2 – 13）。在发展精英主导的竞技比赛的同时，更着力凸显运动普遍化、大众化的属性，将体育节发展为强调大众参与的校园体育盛事，并逐渐使学生养成终身运动的生活方式。

图 2 – 13　体育节活动

④英语周。为拓展英语教学第二课堂，搭建学习英语、运用英语、分享英语的平台，提升学生英语应用能力，让学生想说英语、敢说英语、乐说英语，石龙三中定期举办为期一周的英语节。英语节以"Thriving Youth，Pursuing Happiness"为口号，设有英语主题书法手抄报比赛、阅读挑战赛、现场英语趣味活动、英语综合才艺会演等多个环节（见图 2－14）。经过近几年的发展和完善，英语节成为学校英语品质教育成果展示的一次盛会，成为以英语为载体而进行的主题式深度学习，并实现了线上作品展示与线下颁奖典礼的双线结合。

图 2－14　英语周活动

⑤科技环保节。随着科技的发展，"创客"教育走进校园，石龙三中作为东莞市第一批创客学校，积极推进科技知识教育和环保教育，每年 11 月举办科技环保节。科技环保节的现场一般分为计算机科技展示区、心理趣味活动区、科学家体验区、各类趣味比赛成果展示区。其中，在计算机科技展示区，学生可以现场展示 3D 打印机及其作品、参与积木创意拼装赛；在心理趣味活动区，学生可以通过学习心理知识和体验心理活动来舒缓情绪；科学家体验区设有小小科学家实验、化学符号大比拼、简易 VR 虚拟现实体验等活动，让学生利用所学的物理、化学知识解决实际问题；在各类趣味比赛成果展示区，有纸火箭大赛、遥控车大赛、纸船称重比赛等成果展示，展示学生的一技之长，培养学生的动手能力（见图 2－15）。

图 2 - 15　科技环保节活动

（2）六大德育留痕活动。学校根据学生的成长规律，为各年级的学生开展适宜的德育成长活动，分别为启航礼、入学礼、青春礼、状元礼、追梦礼、毕业礼等（见图 2 - 16），以更好地促进学生道德素养的提高，引领学生幸福成长。

| 小初衔接：
启航礼 | → | 初一：
入学礼 | → | 初二：
青春礼 | → | 初三：
状元礼 | → | 初三：
追梦礼 | → | 初三：
毕业礼 |

图 2 - 16　石龙三中六大德育留痕活动

①启航礼。结合集团化办学，根据小初衔接，开展学段转型梦想启航活动，帮助学生树立远大理想和对美好未来的憧憬。以 2019 年启航礼为例：

2019 年 5 月，石龙三中与石龙镇中心小学西湖学校联合举办"奋起追梦·启航人生" 2019 年石龙中心小学西湖学校小升初启航大会。活动分为三个篇章，分别是：鼓舞篇——西湖学校校长讲话、给优秀学子颁发荣誉证书；宣誓篇——擂战鼓、宣读誓言、西湖学校六年级各班宣读"班级迎毕业考誓言"、优秀代表发言；启航篇——石龙三中校长发言、家长授予孩子祝福丝带并带领孩子穿过启航门。

②入学礼。针对初一新生开展入学教育，帮助新生树立"中学生"的习惯意识、责任意识，让学生更好地适应初中校园生活。入学教育为期两天，第一天开展纪律训练、爱国主义教育、文明守礼意识培养、班级文化建设、团队拓展等一系列内容，帮助学生适应学校环境、熟悉同学，提升学生的精神风貌；第二天进行入学礼仪式，环节包括步入入学门、行拜师礼、点朱砂、班级展示、印手印墙或签名、投递梦想信箱、颁发成长笔记本、宣誓等，让学生时刻牢记学校的期望，以最饱满的精神状态迎接初中的新生活。表 2 - 5 是 2018—2022 年入学礼主题。

表 2 - 5　2018—2022 年入学礼主题

年份	主题
2018	追梦初心，感悟成长
2019	青春无悔，幸福成长
2020	踏入幸福三中，追求幸福人生
2021	明礼立志，追梦启航
2022	追梦青春，幸福启航

③青春礼。针对初二学生的特点展开青春教育，引导学生正确规划人生道路，迈好青春第一步，追求青春的价值，同时让学生在成才的轨迹中留下难忘瞬间并懂得感恩。此外，学校还在青春礼中融入国防素质教育，寄予学生"青春明志、志存高远"的希望。如 2020 年初二级青春礼以"弘扬爱国精神，追梦幸福人生"为主题，进行了为期 3 天的国防素质教育。

④状元礼。针对初三学生面对的升学压力，为疏导学生、提供针对性辅导而开展初三开学动员大会，帮助其迅速进入初三角色。以 2021 年状元礼为例：

2021 年 9 月，石龙三中举行初三学生动员大会。首先，副校长左炯浩为初三学子做"少年努力，未来可期"主题讲话，鼓励学生用睿智去迎接挑战，用坚持去书写成功，用勤奋去拼搏未来。接着，马进老师代表全体初三教师发言，他鼓励初三学子认真定目标，并表示全体初三教师将精诚合作；初三学生代表发言，她代表2022届初三毕业生定目标、表决心。最后，进行"启航中考"仪式，全体初三学生宣誓并走过状元门。

⑤追梦礼。通过百日宣誓系列活动，为即将参加中考的初三学生鼓劲助力。宣誓系列活动包括擂战鼓、授战旗、过追梦门、宣誓、签名等环节，在激扬的氛围中鼓舞学生的士气，使学生在最后的关键时刻找准方向，全身心投入学习。

⑥毕业礼。通过丰富多彩、励志向上的毕业典礼，为学子留下青春成长足迹，也为他们未来人生梦想助力启航。毕业礼主题秉承幸福教育理念，如2019年"幸福出发，追梦青春"、2020年"青春正好，幸福启航"、2021年"雏鹰展翅，幸福启航"，让学生在祝福致辞、幸福密语（写给十年后的自己）、感恩合影、书籍赠送、过毕业门等环节中，带着美好的憧憬走出学校大门，用理想信念浇灌幸福之花。

近年来，六大德育留痕活动已成为学校幸福教育品牌的特色之一，通过集团化学校的延伸，小升初启航礼、小初衔接家长开放日等活动已经在东莞市石龙镇中心小学、东莞市石龙镇中心小学西湖学校落地，建成小初一体的德育体系。

（3）五大特色活动。

①十佳学生。学校重视学生综合素质评定，不以考试成绩和升学率作为评价与奖励学生的唯一标准。在幸福德育建设中，关注学生的行为规范、习惯养成和精神面貌，培养"五有四会"学生："五有"——有追求、有良知、有文化、有修养、有担当；"四会"——会生活、会学习、会沟通、会感恩。基于此，学校举办"校园十佳学生"评选活动，在校内掀起"学先进、做先进、争先进"的热潮，营造良好的育人环境。评选活动以公开、公平、公正为原则，经过"班—级—校"为期两个月的层层选拔，从德、智、体、美、劳等各方面综合评价学生，将打造幸福教育品牌与德育工作紧密联系起来，达到特色化、实效化的效果。

②感恩体验。近年，学校探索实施以"感恩"为核心的体验式德育。体验式德育活动重在体验，要求在体验中感悟，在感悟中反思，在反思中成长。体验式德育活动以年级为单位，每学期1个主题，三年共6个主题（见表2-6）。

表2-6　体验式德育活动主题和内容设置（七至九年级）

	七年级		八年级		九年级	
	上学期	下学期	上学期	下学期	上学期	下学期
主题	感恩生活·行为规范	感恩生活·文明礼仪	感恩身边人·责任心	感恩身边人·公德心	感恩社会·人生规划	感恩社会·励志教育
教育内容	对学生进行行为习惯、文明守纪、人际沟通与协作、宽容和适应的教育		教育学生热爱祖国、热爱家园，提高社会公德意识，教育学生感恩家长、感恩师长、感恩社会		引导学生坚守理想、奋力拼搏，形成健全的人格和良好的心理素质以及良好的价值观、人生观	

　　体验式德育活动流程包括学习讨论、实践体验和感悟反思。每学期，各班级针对不同的德育主题，根据体验式德育活动的要求，及时制订详细可行的计划，并在一学期中贯彻执行；各年级根据本学期的德育主题，组织1~2次团队体验活动，并总结经验，分享成长体验，学校对先进个人和团队给予表彰。

　　③班级文化。健康、积极、昂扬向上的班级文化对涵养学生的品德、提高学生的境界有着重要作用。学校高度重视班级文化建设，基于各年龄段学生的心智发育情况、接受知识的程度和思想深度等特质的差异，围绕团队精神的培育，确定各年级班级文化建设的核心主题。在核心主题指引下，着力研究四种班级特色文化：

　　第一，创设班级氛围文化，凝聚团队精神。各班以班名、班训、班歌、班徽、班目标、教室里张贴的名言警句为标志，形成班级成员共同追求的目标和激励班级成员奋发向上的精神支柱。引导学生创建班级的特色，构建班级的价值观和班级精神，明确自己班级的追求，从而营造积极向上的班级氛围文化。

　　第二，营造班级环境文化，培育团队精神。优美的班级环境、合理的教学设施更容易使学生产生幸福感。学校要求每个班级的教室布置中必须有体现本班个性特色的班名、班训、班徽、班级公约、班级特色介绍、制度宣传栏、个性展示园地等基本组成部分，主题突出，个性鲜明，布局合理，创意新颖。

第三，健全班级制度文化，夯实团队精神。制度文化具有重要的文化和价值导向的作用。学校要求各班级结合本班情况制定《班级公约》《卫生值日制度》《小组合作学习常规》《值日干部轮换制度》《一日班长制度》等一系列学生自主管理的班级制度。这些班级制度文化不仅调动了学生的主观能动性，锻炼了学生的能力，还培养了学生的责任心，增强了学生的归属感。

第四，开展班级个性化特色活动，展现团队精神。学校组织学生开展一系列寓教于乐、彰显个性、内容丰富、形式多样的班级活动，如班歌比赛，让学生体验、感悟、发展。通过活动打造奋发向上、团结拼搏的和谐班级精神，同时使班级的文化建设更上一个台阶，大大丰富学生的课余生活，让学生的幸福感更加强烈。

④家校互动。家庭和社区也是开展学生德育的重要场所，学校努力从以下三个方面构建学校、家庭、社会三位一体德育工作网络。

第一，建立健全学生家长委员会。成立"班级、年级、学校"三级家长委员会，参与班级、年级、学校建设，使家长委员会成为学生家长和学校联系的桥梁。学校向家长委员会及时反映学校德育工作的情况、学生的品德状态，征求家长对德育工作的建议，寻求家长的支持。并邀请家长委员会参加学校的德育活动，参与学校重大决定。

第二，每学期举办一次家长开放日，请家长深入课堂，参与班级管理。举办学生、家长、教师恳谈活动，让家长全面了解学生在学校的学习和生活，特别是精神风貌和品德状况。吸纳家长对班级、学校的建议，征得学生家长对学校的理解，让家长成为学校的宣传窗口。

第三，成立学生家长学校，强化家庭教育指导。定期召开家长学校培训会，针对学生特点，指导家长教育孩子的方法，提升家长家庭教育的能力，使学校与家庭形成合力，共同为孩子的健康成长打造健康、和谐的环境。

⑤研学旅行。研学旅行是一项充满生机和创造力的课程，它是一种比旅行更精彩，比课堂更丰富、更直观的体验式学习。研学旅行超越了传统的教育模式，通过多样的综合实践活动，达到德育育人的目的，推动学校教育和校外教育的有效衔接。学生在游历中学习，在游历中研究，在游历中成长，在旅行的途中发现

自己、唤醒自己、成就自己。每年，学校会在不同年级开展不同主题的研学旅行，让体验式学习结合教育需求，更好地发挥德育作用。例如，2019 年，部分学生参与"凝聚爱国情·重走长征路"革命研学活动；2021 年，初中三个年级共同参与"传承中华文化"研学活动，初一级举行"劳动励心志，实践促成长"研学活动。

立德树人，德育为先。通过综合实践育人项目，学校德育工作取得了一定的成功，并得到了上级的认可，2021 年荣获东莞市"一校一案"落实《中小学德育工作指南》典型案例一等奖。如今，"留痕德育"已成为石龙三中的德育特色品牌，为学校品牌发展增添了强大的力量。

治校观察｜石龙三中："幸福教育"迎来厚积薄发①

9 月 1 日，几千公里外的东京残奥会赛场上再次传来喜报，在射箭女子 W1 级复合弓个人淘汰赛中，东莞"石龙妹"陈敏仪以 142：131 的绝对优势战胜捷克选手获得冠军；而在 4 天前，她就已经在射箭 W1 级复合弓混合团体赛中拿下中国射箭首金！消息传来，陈敏仪的母校石龙三中里也一片沸腾，教职工纷纷替这位 2007 届校友实现梦想而高兴。

"陈敏仪上学时非常坚毅顽强，虽然行动不便但坚持每天骑车上下学。"在教职工大会上，熟悉情况的老师介绍道，陈敏仪当年是班上的"重点保护对象"，不仅安排了班干部坐在她周围帮助她学习和生活，老师们也特别关注她的生活情况，中考时班主任还特意开摩托车接送她去考试。

在这样友爱的环境中度过初中三年的陈敏仪，心里也种下了幸福而坚韧的种子。成为射箭运动员后，即便每天要练习 6 小时射出 240 支箭、每支箭都要拉开约 45 斤重的弓，陈敏仪也从不服输、从不放弃，用刻苦训练和稳定的心态换来了如今的荣誉，也是石龙三中坚持"办一所成就幸福人生的学校"的最好证明。

而"幸福教育"的厚积薄发，绝不只体现于学生实现个人价值，学校近年也涌现出自发回馈母校、回馈社会的优秀校友。

8 月 4 日，东莞市教育扩容提质千日攻坚项目——石龙三中教学楼建设项目

---

① 发表于《教育莞家南方号》，作者为于羽佳。

正式动工，该项目的主体建筑——聚龙楼由石龙镇民营企业聚龙集团出资2 000万元捐建，完工后预计能为石龙三中增加800个公办学位。

值得一提的是，这栋新教学楼是由石龙三中1977级校友杜榕标携聚龙集团5家关联企业共同捐建的。杜榕标一直热心社会公益事业，更情系乡梓、心系母校、支持教育，多次捐资帮助家乡教育事业发展，还曾携手石龙镇政府成立聚龙教育公益项目，用于助困和奖教。去年以来，他还捐资百万元，为石龙镇的公办学校教室添置空调等设备。

立德树人，硕果盈枝；幸福教育，厚积薄发。

多年来，石龙三中一直秉承"幸福教育"的办学文化，从校园环境、课堂设计、德育体系等多方面营造幸福的氛围，不仅培养出许多德才兼备的优秀校友，还充分发挥品牌学校的示范、辐射和带动作用，提升石龙三中学区小初学校的整体办学水平。

2020年8月，石龙第三中学教育集团获市教育局批准组建，成员校包括石龙三中、石龙镇中心小学和石龙镇中心小学西湖学校。

今年春季学期伊始，石龙三中举办"三维课堂"建设校本研修培训会，提出构建"以学生为中心，基于翻转课堂的深度学习"的品质课堂，并以集团化办学推动品质课堂建设。目前石龙镇中心小学已经形成了"一环三核六步"翻转课堂教学模式，西湖学校也初步探索出"一课四案，三段六步×课型"翻转课堂教学模式。同时，石龙三中的校本研修模式和课堂教学经验也引领着托管学校——石排东翔学校实现了新飞跃，本学期该校小学和初中一年级已全面开展翻转课堂教学。

杨森林表示，接下来石龙第三中学教育集团将立足"品牌学校"，以"教育信息化2.0"为突破，依托龙头学校石龙三中的实践经验，实现集团内小初一体翻转课堂教学模式的落地，并从德育课程体系、精品社团活动入手，打造"九年一体化"育人新样本。

第二节　课堂生本化，培育学校品牌的根基

教学质量是打造品牌学校的基石，学生的素质就是学校的"品牌"，而教育模式决定着人才培养的质量。一所学校要有较好的教学质量，才有可能创出品牌、创出特色。如重庆市云阳县后叶镇后叶小学通过"心动课堂"的教学模式——以"以学活教"为核心理念，追求"心随课动，课随心动"的灵动境界，两年内实现从名不见经传的农村学校变为重庆市课程改革的前沿学校。[①] 在素质教育不断深入下，各学校都在坚定不移地贯彻新教育体制改革、新课程改革理念，但在实施的力度和具体进度方面有着差别。要想真正落实教育教学化的改革，就需要对其进行钻研，找出适合本校发展的新改革模式才能让品质教育落地生根。

一、课堂教学模式的一般思路

打造优质课堂，让课堂成为学校品牌创建与发展的源动力，关键是要引进与落实新课程倡导的自主合作的教学模式。以教学模式创新，激发学生学习的积极性和主动性，注意培养学生的自主学习能力、自主管理能力，强化学生文明礼仪的教育与训练活动。通过有目的、有计划、有系统地教育与训练，使学生形成文明礼仪素养；进一步提升教师的专业素养，通过实施促进教师专业成长的教师工程，提高教师的教学组织能力、教材处理能力、教学设计能力、沟通能力等。

归根结底，教学模式的创新要基于学校课程文化，改变教学策略，优化课堂生态环境和课堂评价。

第一，明确学校的课程文化。学校课程建设的核心是明确课程育人主张，其根本在于教育者对国家教育方针、课程政策和课程标准的正确理解，对学校特色文化理念内涵要义的自觉内化，对学校课程建设与发展的基础、优势、特色的全面把握，对学生和教师课程学习需求的真正了解，即学生最适合什么样的课程作

---

① 张磊，王军. 后叶小学：让人"心动"的课改典范［J］. 今日教育，2013（1）：3.

为自己生命成长的"跑道"。其中最为重要的还是结合学校自身的价值取向、文化特质、课程基础和学生素养发展的需求做出校本选择，这样才能建设学校课程文化之道，也是学校特色课程开发与实施的根本。

石龙三中是东莞市乃至省内外薄弱学校改造的成功范例。10余年来，学校在校园文化建设、第二课堂开展、教学改革、课程改革等各方面，开拓进取，颠覆了"严师"、"苦学"、以教为主的传统教育模式，探索出以学为主的翻转课堂教学模式，逐步形成了"人文铸魂，科技赋能，幸福引领，教学相成"的幸福教育文化，让师生们幸福教、幸福学、幸福成长，取得了令人瞩目的丰硕成果。

第二，利用新技术创新教学策略。在新时代已经显现未来教育特征的背景下，依托信息技术平台，学校可以科学地运用新的"慧教育"思想方法，使教育"节奏"与学生发展"节律"相协调，产生教与学的谐振效应，达到教育人、发展人、造就人目标的辩证统一。石龙三中在教育信息化这片土地上深耕细作，从2015年9月开始建设基于网络平台的翻转课堂，历经"问道、开道、入道、搓道、出道"，通过"五一"工程探究翻转课堂，全面落实教育信息化2.0，积极推进课堂教学改革，致力于"融合·创新"的研究并喜结硕果。

第三，多元化教学提升课堂质量。课堂作为教师传授学生知识的主要场所，其质量的提升是提高学校品质教育的重要一环。课堂进度能否顺利进行、课堂氛围是否活跃等诸多因素直接影响着课堂的教学效率。为了提升课堂质量，要不断对课堂教育教学方法进行探索，针对课堂的不同环节进行方法的更新和做出新尝试，这就需要管理者对教师课堂教育教学能力进行不断的督促。一方面，学校需要将教学研究设计日常化。针对教育局发布的新要求以及学校教师和学生的教育教学现状进行深入研究与探讨，旨在将二者综合，探索出一条适合本校发展的教育教学道路。另一方面，可以通过讲课比赛的形式，鼓励教师将多元化的、新颖的教学方法融入课堂中。比如，以试课的方式来进行讲课评比，从领导、其他教师和学生三者的反馈中进行最终成绩的综合评定，这种方式能有效激励教师不断钻研课堂教学方法，从而提升课堂质量。

第四，优化课堂环境。课堂环境包括物质客观环境和精神环境。一方面，物质客观环境会影响教学质量。如在颜色柔和、光线充足的教室环境中进行课堂教学活动，教师和学生的心情就会舒畅，精神就会饱满；反之则容易疲劳，情绪低落。教室座位的空间设置和编排方式也影响着师生交流的方式与范围。另一方面，课堂的精神环境尤为重要。教师在创设课堂教学软环境中处于主导地位，这就要求教师充分发挥生态课堂环境的渗透滋养、动力促进功能，努力营造和谐友爱的师生关系、竞争与合作的生生关系、积极向上的学习风气等，通过营造优美的生态课堂环境，促进学生学习效率、效益和品质的提升。

第五，优化课堂评价。课堂评价是创建特色教学生态课堂的指挥棒，具有显性的导向、激励和发展功能。学校要持一种过程性评价观，发挥评价的改进、导向和激励功能，纠正课堂教学过于狭隘的知识和技能取向，引导课堂教学尊重师生生命活动的自主性和多样性，使课堂充满生命的活力。

二、"三维课堂"模式的创建

快乐高效的课堂学习是幸福教育的重中之重，是师生幸福的根本保障。石龙三中在2004年全面改革之前，曾因社会声誉差、教学质量差、生源素质差、办学条件差而成为东莞典型的"四差"学校。领导班子痛定思痛，从2004年起开始大刀阔斧地改革，经过十几年的变革，一跃成为"校园环境好、教学质量好、学生发展好、名师建设好、教育科研好、社会口碑好"的"六好"学校，并在2018年成功跻身东莞市首批30所品牌学校的行列之中。从薄弱走向品牌，从优质走向领航，石龙三中的跨越式发展之路，追本溯源，其中重要的一环就是深度贯彻新课程改革理念，大力推进教学改革，借力教育信息化融合创新，创新教学模式，打造幸福课堂。

如何在教育信息化2.0的背景下，创新课堂教学模式？信息化如何赋能课堂教学以提升学生的课堂学习效果？石龙三中的"三维课堂"交出了一份精彩的答卷。从2008年到现在，学校对翻转课堂的探索经历了三个重要时期（见图2-17），2018年确立"以学生为中心，走向深度学习"的理念，推动课堂变革持续走向深化。从以纸笔为基础的"三维导学课堂"到如今的"三维课堂"，融合创新已成为石龙三中课堂改革的内驱力，幸福课堂让学生学习更主动。同时，"以学生为中心，基于翻转课堂的深度学习"的"三维课堂"教学模式是石龙三中"品质课堂"的落地模式。

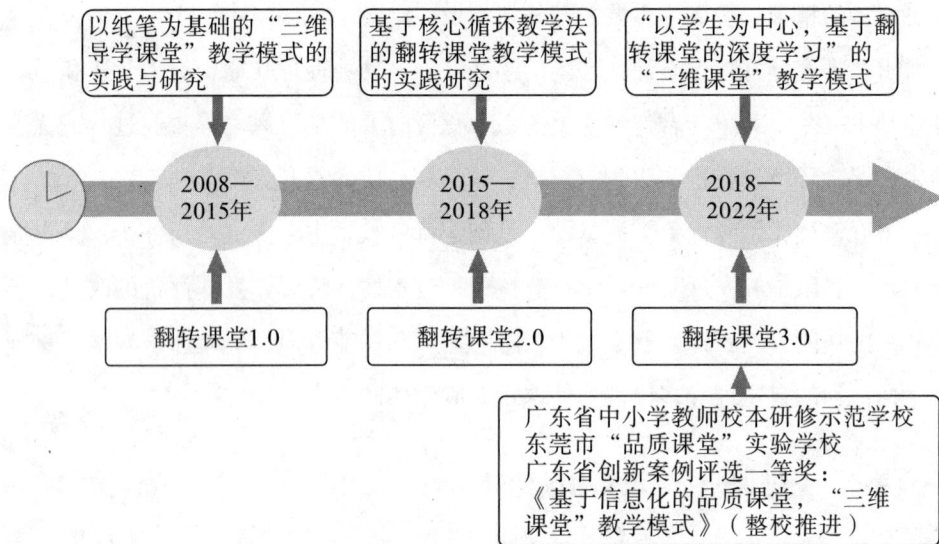

图 2-17　石龙三中"三维课堂"推进时间轴

（一）"三维课堂"的背景思考

首先，落实国家教育改革的要求。课堂是学校教育的主阵地，进一步创新课堂教学模式，深化课程与教学方法改革，促进学生可持续发展与提升教学质量两者并驾齐驱，具有前景及实用价值。"落实立德树人根本任务，着眼建设高质量教育体系，强化学校教育主阵地作用"是深化教育教学改革的重点，进一步凸显学校教育的主导性、重要性，探索重构以学生为学习中心的课堂模式是适时而为。

其次，教学模式变革的趋势。新课程理念提倡转变学生的学习方式，培养学生主动参与、乐于研究、交流合作的学习态度。这就要求课堂教学必须是情感的课堂、互动的课堂、合作的课堂、高效的课堂、可持续发展的课堂。随着国家主导的课改的深入开展，对高效课堂与有效教学的探讨，强势介入教学研究的各个学科，不仅取得理论上的碰撞与共鸣，还在一定程度上起到创新教学"新思维"、引领课堂改革深入推进的作用，具有现实意义。

最后，学校内涵发展的需要。随着教改的推进，学校在课堂教学改革方面取得长足的发展，但课堂教学也陷入"瓶颈"，部分课堂呈现"活而不实""实而不活""不活也不实"的现状，部分教师在实际教学过程中，渐渐回到"先教后学"的传统教学模式，压抑了学生的个性，挫伤了学生的积极性。我们必须从新课程理念的高度寻求再一次突破的途径。

基于以上思考，为改变课堂现状，探索能力提升工程2.0"基于课堂、重在创新"的课堂教学模式创新，石龙三中着力推进基于"自学—助学—悟学"的"三维课堂"实验研究，取得一定的阶段性成果。

（二）"三维课堂"的理论依据

"三维课堂"的理论基础是"学习中心教学"。传统课堂教学大多以教师为中心，教师的讲授占据课堂教学过程的主要时空，学生很少有独立的学习活动，即便教师讲课非常精彩，学生往往也难以融入其中；就算在教学过程的某些时候或环节穿插一些提问或讨论的活动，也难以引起学生共鸣。因此，学生主动参与学习的意愿不强，课堂效率低下。构建以"学习中心教学"理念为抓手的课堂教学模式，能有效突破传统教学所带来的困境。

1."学习中心教学"的内涵

"学习中心教学"是指以学生学习活动作为整个课堂教学过程的中心或本体的教学形态。教师努力让学生的学习成为能动、独立（自主）的学习，并尽可能让学生能动、独立（自主）的学习占据主要的教学时间和教学内容空间。在"学习中心教学"中，教师以激发、引导和促进学生能动、独立地学习为主要任务和根本目的。一般而言，学生不会自然且自发地成为能动、独立的学习者，更不能主动地成为教学过程的中心；相反，"学习中心教学"是由教师自觉、主动建构而成的，也就是说，是教师自觉、主动地激发和促成学生能动、独立地学习并将其置于教学过程的中心。

2."学习中心教学"的基本特质

"学为目的或本体、教为手段或条件"在不同条件下的表现是不一样的：第一，从教与学占用的教学时空大小来看，表现为"少教多学"。第二，从教学决策的依据来看，表现为"依学定教"。第三，从教与学的先后顺序安排来看，表现为"先学后教"。第四，从教学评价标准来看，表现为"以学论教"。

（三）"三维课堂"的概念

"三维课堂"指基于"自学—助学—悟学"三个学习能力维度，达成"基础—实践—思维"三个知识能力维度，培养具有"记忆与理解、分析与应用、创造与评价"三个应用能力维度的学生的校本课堂教学模式（见图 2 - 18）。重点体现在以学生为中心、通过小组合作的形式及基于网络的平板电路翻转课堂教学方式，引导学生自主学习、开发思维，并逐步走向深度学习的教学模式。

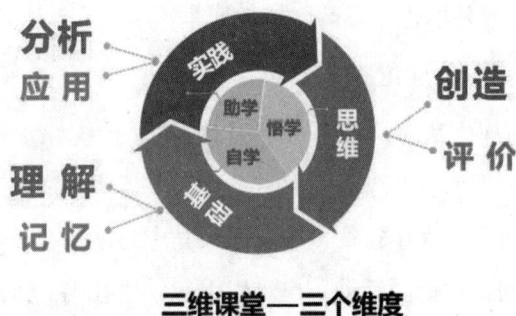

图 2 - 18　"三维课堂"的维度

1. "三维课堂"的特征

"三维课堂"的特征包括"三维五有"。

"三维"：三个学习能力维度——自学、助学、悟学；三个知识能力维度——基础、实践、思维；三个应用能力维度——记忆与理解、分析与应用、创造与评价。

"五有"：有自学（体现的是先学后教的教学理念，是"三维课堂"成功的基石）、有问题（体现的是以学定教的教学理念，让学生带着疑问听课与讨论）、有思维（对学生思维的本质认识，迁移内化构建，体现学习的深度与广度）、有训练（针对性训练，分层次、高强度、快节奏）、有评价（教师单向评价、课堂即时评价、自我评价与学生互相评价）。

2. "三维课堂"的要素

以学生为中心、翻转课堂、深度学习、"三维课堂"教学。

3. "三维课堂"的课堂目标

打造"以学生为中心，基于翻转课堂的深度学习"的品质课堂。

4. "三维课堂"的基本流程

基本流程如图 2-19，围绕"自学（自主学习，发现问题）—助学（交流互助，解决问题）—悟学（深层感悟，应用创新）"的教学模式，覆盖课前、课中、课后，让学生实现自主学习、深度学习。

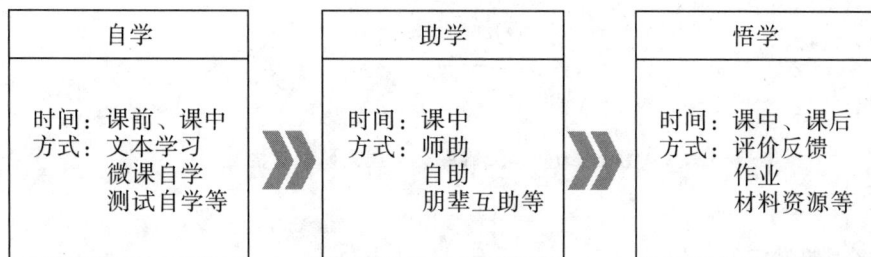

自学	助学	悟学
时间：课前、课中 方式：文本学习 　　　微课自学 　　　测试自学等	时间：课中 方式：师助 　　　自助 　　　朋辈互助等	时间：课中、课后 方式：评价反馈 　　　作业 　　　材料资源等

图 2-19 "三维课堂"的基本流程

自学：通过设计"自学案"，引导学生课前自习，养成良好的学习过程和学习方式。助学：通过师助和朋辈互助等合作学习方式，引导学生围绕某一节课的重点、难点和易错点开展学习任务，鼓励学生多动手、多动口、多动脑、多参与，不断加深对所学知识的理解。悟学：全面检测教学目标的完成情况，归纳总结，拓展提升，加深学生对知识的理解与感悟，进一步强化学生对知识的应用。

（四）"三维课堂"的构建思路

1. 理念重塑

从以教师为中心转变为以学生为中心，从以知识讲授为中心转变为以发展思维能力为中心，从以训练技能技巧为中心转变为以提升学生核心素养为中心，从而达到立德树人的目标。

2. 模式重构

构建以深度学习为核心的"三维课堂"模式，通过翻转课堂、小组学习等手段推动学科与信息技术的融合创新。在构建"三维课堂"模式的过程中，围绕"建模—学模—用模—研模—出模"五级台阶进行研究（见图 2-20）。

图 2-20　"三维课堂"模式研究过程

建模
第一阶段
◆ 调研
◆ 组建核心组研讨
◆ 构建"自学—助学—悟学""三维课堂"模式

学模
第二阶段
◆ 核心组成员建设资源包
◆ 教研组、备课组研讨课型
◆ 骨干教师上示范课
◆ 全体教师上过关考核课

用模
第三阶段
◆ 全面系统建设资源
◆ 教研组、备课组深入研讨、优化课型
◆ 全体教师上过关验收课
◆ 骨干教师上展示课

研模
第四阶段
◆ 全面系统建设资源
◆ 教研组、备课组深入研讨、优化课型
◆ 全体教师上过关验收课
◆ 骨干教师上展示课
◆ "三维课堂"比赛

出模
第五阶段
◆ 资料整理
◆ 成果提炼
◆ 推广应用

3. 课堂定位重置

（1）"自学—助学—悟学"三维课堂旨在构建"以学生为中心，基于翻转课堂的深度学习"的品质课堂，学生深度学习，深度参与，深度体验，深度交流，深度迁移。在学习过程中，学生凸显主动性、积极性、批判性，关注情境迁移、问题解决和创新，具有良好的情感体验。

（2）"三维课堂"以项目式学习（PBL）、单元学习、课题学习等为基础，让学生通过"自学、助学、悟学"等学习环节，掌握核心知识，提升核心素养，增强核心能力。

（3）通过"三维课堂"小组合作学习研究和自学任务单的设计，围绕教学核心目标编定《三维课堂学案》，突出以学生为中心，实现课堂模式重构。

（4）通过"三维课堂"的线上功能，制定"三维课堂"评价量表，关注学生成长体验，突出多元评价。

4. 方式重建

构建"一案三训五评"教师能力提升的"135 工程"整校推进工作模式（见图 2-21），通过课程培训分享、集体备课、专家引领等方式，解决教师信息技术应用能力发展不均衡的问题，打通课堂教与学信息化应用的渠道，促进教学方式的改变，实现一校一案、整校推进、全员参与的省级试点校建设目标。

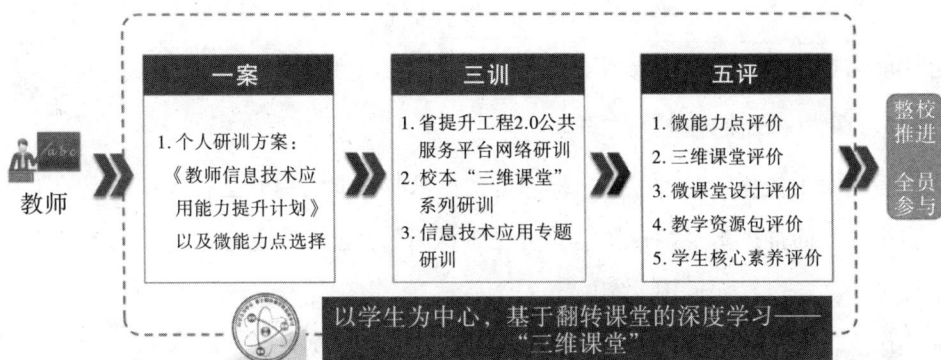

图 2 - 21 "135 工程"整校推进工作模式

（五）"三维课堂"的实施路径

"三维课堂"从理念确立到模式重构，整个实施路径紧紧围绕"以学生为中心，基于翻转课堂的深度学习"这个核心理念。通过校本研修，从备课组到教研组，从教师个人主备资源包到全学科教学资源库建设，从小组合作学习方式的研究到"自学—助学—悟学"三个维度的提炼，探索"三维课堂"的理论、内容、方式、模式及评价等核心项目，系统地解决了"三维课堂"的"教学研训"问题。图 2 - 22 是"三维课堂"的实施路径。

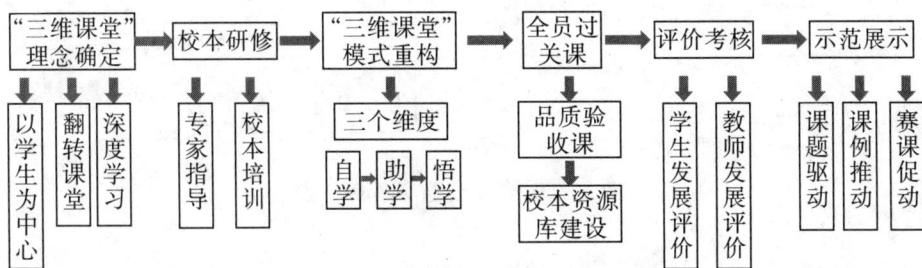

图 2 - 22 "三维课堂"的实施路径

推进措施归纳如下：

1．开展校本研修

2021 年，石龙三中被评为"广东省中小学教师校本研修示范学校"，通过校本研修，进一步理清"三维课堂"的理论基础，初步确立"三维课堂"的"自学—助学—悟学"三个维度，扣住教师教育信息化30个微能力点，开展教育信息化能力提升2.0系列研训活动，提升教师专业素养。

2. 探索"三维课堂"

石龙三中依托广东省中小学教师信息技术应用能力提升工程2.0试点校工作的推进，全面推进基于翻转教学的"三维课堂"，通过学生自购平板电脑，实现全员终端。通过模式重构，实施"先学后教""以学定教"，通过改变评价方式、优化作业设计，探索"自学—助学—悟学"三维课堂模式。

3. 建设校本资源库

石龙三中校本资源库建设以学科备课组为单位，根据教务处提供的模板，探索出符合学科特色的自学任务单、课件以及"三维课堂"学案。一个教学资源包至少包含自学任务单、上课课件、教学案、学案以及相关的微视频或其他文本资料。

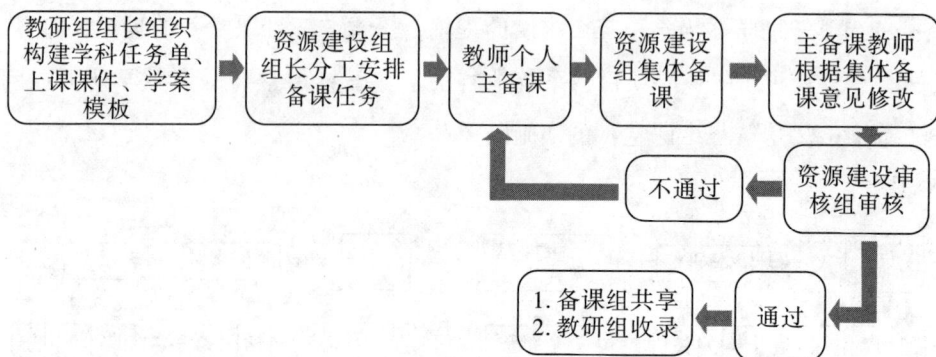

图2-23　校本资源库建设流程

4. 推进小组合作

小组合作学习是"三维课堂"落地落实的主要抓手。石龙三中在三个年级全面推进小组合作，按照"四人小组，T字形""六人小组，T字形""六人小组，二字形"三种模式，基于实效，创新方式，规范指引，加强评价。

5. 加强考核评价

以个人主备教学资源为依托，各科"三维课堂"审核组对各备课组诊断把脉，针对资源情况、时间分配、小组合作、课堂环节、学科特色等形成审核报告，经过优化修订，最终形成教学资源包。全体教师每学期每人上一节汇报课。教务处随时推门听课，各备课组定期开展大备课校本研修。各教学组至少要申报一个"三维课堂"的相关课题，至少提交一篇论文或案例。

6. 打造名师团队

通过"名师培养"工程和"青蓝结对"工程，结合教育信息化能力提升2.0，加大师训力度。名师培养指标落实到教研组，发挥团队合力，打磨课堂教学。每学期评选出成绩突出的"青蓝结对标兵"，每学年召开一次青蓝工程经验交流会。青蓝同步，逐段考核。

（六）"三维课堂"的操作

1. 转换教师角色

"三维课堂"是以学生为学习中心，让学生真正学习的课堂，教师必须转变观念，走下讲台，由"主演"变成"主导"，真正把课堂还给学生，让每个学生都能真正成为课堂的主人，积极主动参与其中。在以学生为中心的教学中，教师集中精力观察每个学生，提出具体的学习任务以诱发学生学习，并组织学生互相交流看法或发现，从而让学习活动更丰富，让学生的经验更深刻。

在合作学习中，教师对各小组进行现场的观察和介入，及时对各种情况进行调查，充当管理者、促进者、引导者、调控者、帮助者、参与者等多种角色，促进整个教学过程的发展，使学生与新知识之间的矛盾及时得到解决。在这一过程中，教师与学生之间原有的"权威—服从"关系逐渐变成了"指导—参与"的关系，师生、生生之间是平等的、互动的。例如，学校数学教师谢文萍的数学翻转公开课"方程组与不等式的综合应用"，充分发挥学生在课堂中的主体地位。学生通过抢答争取到当"讲解小老师"的机会，自信大方地向师生们展现自己的课前学习成果，台下学生也大胆地对小老师的逻辑推理提出质疑。在小组合作讨论环节，同学间互相探讨，互帮互助，谢老师走到组内进行指导，幸福课堂上的切磋探讨散发着浓浓的求知气息，师生的脸上都挂着幸福的笑容。

2. 实施小组合作

"三维课堂"教学模式与传统教学模式相比，最直观的变化就是以学习小组为单位进行围坐学习。通过小组建设，发挥团队作用，解决"学生解放、课堂开放"后课堂学习的有序、有效问题。

（1）分组策略。分组原则：按照"组内异质、组间同质"的原则进行分组。"组内异质"即根据性别比例、兴趣倾向、学习水准、交往技能、守纪情况等进行合理搭配。"组间同质"指不同的学习小组都按一样的划分依据，确保组与组之间的综合素质基本相当。有"六人小组，T字形""四人小组，T字形"等模式。以"四人小组，T字形"模式为例，每组包含A、B、C、D四个不同层次的学生。

座位安排：在"四人小组，T字形"模式中，座位安排如图2-24所示：B面对C，A与D并排。在学习和纪律方面，A为组长，B为副组长；A统管全组，重点帮扶D，同时可以兼顾C；B重点带C，兼顾D。

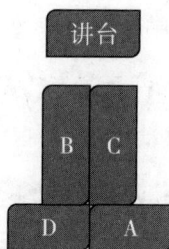

图2-24　"四人小组，T字形"模式

实施动态分组，根据需要适时调整小组成员，以增强学生的责任感和学习的积极性，提高小组的学习能力，保证小组间的竞争力，不断提升小组合作学习水平。

成员分工：组长由组织能力强的学生担任，负责督促组员完成任务，协调组内外关系，组织组内的总结和评价。记录员由作文水平高、文笔优美的同学担任，负责对小组学习结果进行文字加工。汇报员由敢于表达、语言组织能力强且表达条理清晰的同学担任，负责向外发布小组学习结果信息，能根据他人的观点，做出总结性发言，并随时解答别人提出的疑问。监督员由严于律己、认真细致的同学担任，随时提醒在小组讨论过程中随意讲题外话或做其他与讨论无关行为的小组成员，提醒小组成员讨论时控制音量。

　　成员职责的分工不是固定的，也不是一成不变的，根据需要，成员之间的分工任务可经常性地进行轮换，让每一个学生都能感受小组每一份"工作"的艰辛与乐趣。

　　（2）制定量规。制定"石龙三中'三维课堂'小组合作学习学生操作指南""小组公约"和"石龙三中小组合作评价机制"（见表2–7）等。

表2–7　石龙三中小组合作评价机制

方式	对象	项目	内容	负责人
捆绑式	小组	德育＋学科	纪律、出勤、卫生、文明、预习、作业、上课展示、考试成绩等	班主任＋科任老师
	个人			
分散式	小组	德育	纪律、出勤、卫生、文明	班主任
	个人	学科	预习、作业、上课展示、考试成绩等	科任老师

3. 围绕"三维学案"

　　"三维课堂"的教学围绕"三维学案"（含自学案、助学案、悟学案）展开。"三维学案"围绕核心目标，从"自学—助学—悟学"三个维度进行教学设计，源于教材，高于教材，体现学习策略的多层次，展示方案的多形式，引导学生自主学习、主动参与、合作探究。其创新点体现在凸显教师所选的微能力在"三维课堂"教学中的灵活应用，包括利用信息技术进行学情分析、教学设计、学法指导和学业评价等30项微能力。"三维学案"见图2–25。

走进省信息化中心校——石龙三中，探访幸福教育

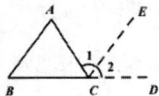

人教版八年级数学（上）　东莞市石龙第三中学　　　　班别　　　　学号　　　　姓名

11.2 三角形的内角和

还有其他证明方法吗？

核心目标： 掌握三角形内角和定理.

　**自学案**

一、课前准备

（一）阅读课本 P11-P14，画出重点和疑惑点.

（二）扫二维码观看微课"三角形的内角和"，在课本做笔记（平板班学生拍照上传笔记）

| A6 技术支持的课堂讲授 |

| B2 微课程设计与制作（学生讲解、录像） |

| B3 探究性学习活动设计 |

| A2 数字教育资源获取与评价 |

二、课前导学

（一）复习，完成下列填空.

1. 如图1，已知 AD 是 $\triangle ABC$ 的角平分线，则

$$\angle\underline{\qquad}=\angle\underline{\qquad}=\frac{1}{2}\angle\underline{\qquad}.$$

（或 $\angle\underline{\qquad}=2\angle\underline{\qquad}=2\angle\underline{\qquad}$.

2. 如图2，在 $\triangle ABC$ 中，已知 $AD\perp BC$，则

$$\angle\underline{\qquad}=\angle\underline{\qquad}=\underline{\qquad}.$$

（三）课前检测（平板作答）| A1 技术支持的学情分析 |

1. 在 $\triangle ABC$ 中，

（1）若 $\angle A=50°$，则 $\angle B+\angle C=$ _____；

（2）若 $\angle A=50°$，$\angle B=70°$，则 $\angle C=$ _____；

（3）若 $\angle A=70°$，$\angle B=\angle C$，则 $\angle C=$ _____.

| B1 技术支持的测验与学习 |
| A13 数据可视化呈现与解读 |
| A12 评价数据的伴随性采集 |
| C5 基于数据的个性化指导 |

三角形 ABC 中，则 $\angle B+\angle C=$ _____；

走进省信息化中心校——石龙三中，探访幸福教育

人教版八年级数学（上）　东莞市石龙第三中学　　　　班别　　　　学号　　　　姓名

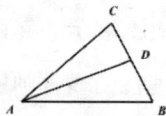　**助学案**

悟学案

【例题讲解】

1. 如图5，在 $\triangle ABC$ 中，$\angle BAC=40°$，$\angle B=65°$.

(1) 求 $\angle C$ 的度数；

(2) 若 AD 是 $\angle BAC$ 的角平分线，求 $\angle ADB$ 的度数.

（课本12页 例1）

| A12 评价数据的伴随性采集 |

图5

变式 如图6，在 $\triangle ABC$ 中，$\angle BAC=40°$，$\angle B=65°$.若 AD 是 $\triangle ABC$ 的高，求 $\angle 1$ 的度数.

【限时训练】

1. 在 $\triangle ABC$ 中，$\angle A=120°$，$\angle B=15°$则 $\angle C=$（ ）.

　A. 30°　　B. 45°　　C. 60°　　D. 90°

2. 如图8，在 $\triangle ABC$ 中，$\angle A=40°$，$\angle B=70°$，CD 平分 $\angle ACB$，则 $\angle BDC=$（ ）.

　A. 40°　　B. 50°　　C. 60°　　D. 75°

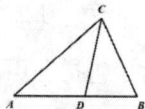　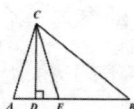

图8　　　图9

3. 如图9，CE 是 $\triangle ABC$ 的角平分线，CD 是 $\triangle ABC$ 的高，若 $\angle A=50°$，$\angle B=30°$，则 $\angle DEC=$（ ）.

　A. 30°.　　B. 45°　　C. 20°　　D. 80°

| B1 技术支持的测验与学习 |
| A13 数据可视化呈现与解读 |
| A12 评价数据的伴随性采集 |
| C5 基于数据的个性化指导 |

【提升训练】

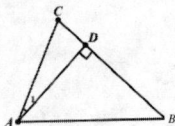

图 2-25　"三维学案"部分展示

目前，学校以开发《三维课堂学案》为抓手，初步建成了 5 000 多节精品微课、1 万多个教学设计、10 万多道试题的区域数字化校本教学资源库，覆盖初中各主要学科。

4. 依托信息技术

"三维课堂"重点体现在以学生为中心、通过小组合作的形式、基于网络的平板电脑翻转课堂教学方式几个方面，借助信息技术赋能，改变传统课堂的枯燥无味，给课堂注入了新的生机，提高了课堂教学效率，改善了学生的学习方法，拓展了学生的学习空间，同时也提升学生的信息技术素养。

"三维课堂"信息化应用表现为：第一，运用智能教学助手辅助师生开展教育教学（资料的上传下载、检测与预测等），形成课前、课中、课后一体化学习方式。第二，在课堂教学过程中，借助信息技术实现教学手段多元化、教学内容多样化，使教学过程更加生动、形象，让学习更加有趣和高效。第三，运用线上教育应用功能实现对线下教学的有效补充，通过视频直播、点播、回放等技术，提高学生的学习积极性，同时便于学生自主预习、自主复习、自主查漏补缺。第四，运用教学过程中的大数据行为记录、分析和诊断，实现对教师"教"的情况与学生"学"的情况的及时精准反馈，并提供教育资源的适配性服务，实现学生的个性化学习。"三维课堂"信息化应用环节如图 2-26 所示。

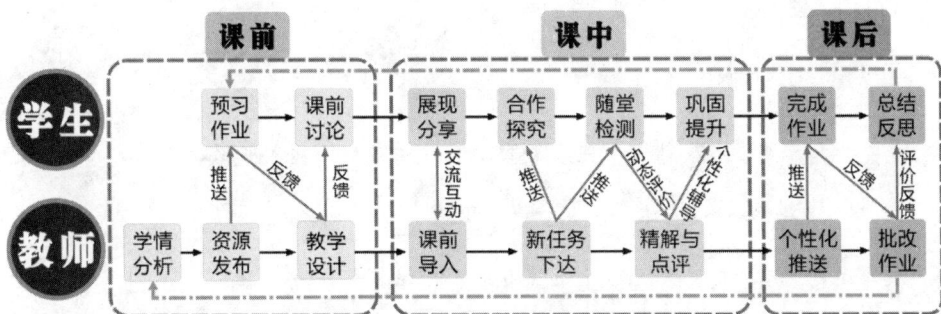

图 2-26　"三维课堂"信息化应用环节

（七）"三维课堂"的成效

"三维课堂"教学模式的研究与实践依托教育信息化，重点推进理念专题研训、实验基地建设、教学能力大赛、信息技术创新、评价体系创新、成果培育推广等项目，取得系列成果。

1. 构建"三维课堂"建设体系

"三维课堂"建设体系主要包括："三维课堂"教学模式、"135工程"整校推进工作模式、"一核五环"校本研修模式、"三维课堂"校本资源库。

创新"三维课堂"模式。5G上线后，学校在原有基于网络平台的核心循环翻转课堂教学模式的基础上，借助5G＋智能技术，开展基于5G＋智慧教育背景下的"三维课堂"教学模式的实践与研究，拓展"品质课堂、融合创新"的校本研修路径，提升课堂教学的科技含量，最大限度地实现构建"以学生为中心，基于翻转课堂的深度学习"的"三维课堂"。"一核五环"校本研修模式把"以学生为中心"作为核心目标，通过重塑智慧教育理念、重构课堂，实现学科与技术融合的校本课程，并以课堂促进研修、以实践检验研修、以评价验证研修，充分发挥学科育人功能，提升学生的核心素养（见图2-27）。

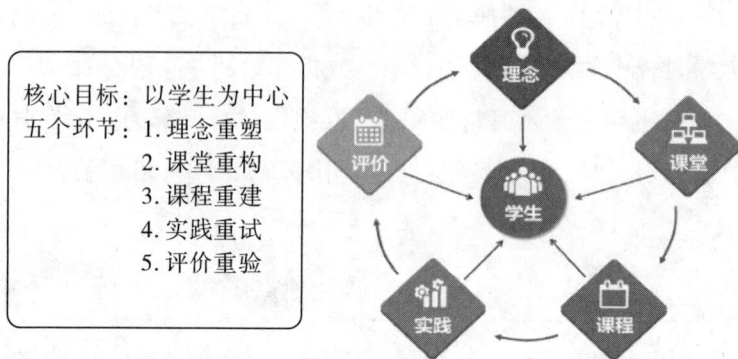

图2-27 基于"三维课堂"的"一核五环"校本研修模式

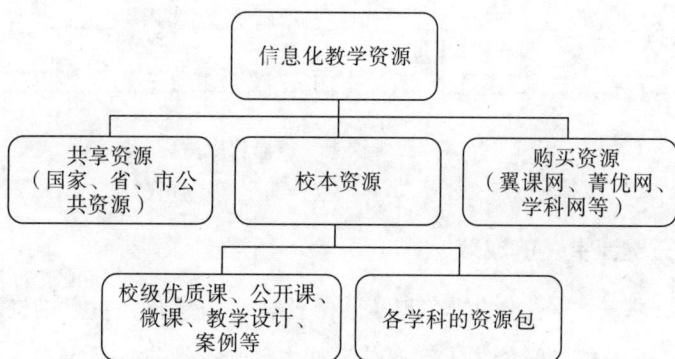

图2-28 "三维课堂"信息化教学资源建设路径

学校通过"三维课堂"专项课题驱动、精品课例推动、教师能力大赛促动，由教务处牵头对标落实，定期组织交流、研讨与考评。通过个人主备、备课组研备、教研组审核归档，完善石龙三中"三维课堂"校本资源库，为5G＋智慧教育背景下的线上、线下教育积累丰富的资源。近年来，学校又进一步整合归类，创新使用，建设信息化教学"工具箱"，解决常态化教、学、研手段单一的问题。

表2－8　满足各类场景的教学研信息化工具

分类	平台工具	面向对象	主要功能和应用场景
教	教学资源	教师	◆公共资源："东莞教学资源应用平台"、广东省教育资源平台、国家教育资源平台 ◆购买资源：翼课网、菁优网、学科网、三思教学互动平台 ◆自建资源：各学科系统的三维课堂资源包
	学科教学工具	教师	语、数、英等各学科信息化工具
学	探究学习平台	学生	◆课前、课中、课后自主学习与课堂互动探究学习 ◆跨学科项目式学习
	移动学习空间	教师 家长	微信、QQ、微课掌上通等多个移动终端，方便教师教学、学生学习和家校沟通
研	教研资源	教师	百度百库、知网期刊、学科网等各类优质数字教研资源

"三维课堂"校本资源库是指"一核两翼"教学资源库，特别是以《三维课堂学案》为抓手的课程资源包（包含课前导学案二维码、微视频、课前小测、微课件、"三维课堂"学案、课后小测等数字化资源）的开发。

2. 促进教师专业发展

立足"三维课堂"教学模式的探索与实践，分专题、分学科开展常态化的精准校本研修，以点带面，全校推进，通过课程培训分享、集体备课、专家引领、课堂教学大比武等方式，提升教师的科研能力和专业素养，提升教师创设智慧教学环境、灵活运用微能力开展信息化教学的能力。2018 年以来，学校与"三维课堂"教学模式相关的 18 个课题获省、市级立项，48 篇与"三维课堂"相关的论文在国家、省、市级论文评比中获奖或在国家、省、市级刊物上发表，在市级及以上各类教学技能比赛中获奖 135 项。

3. 提升学生综合素养

"良好的教育重在过程，成绩是水到渠成的自然结果。"不可否认，就当前的升学体制来说，分数对学生的影响最大，因此在教育教学改革过程中，也需重视学生的成绩，但必须把握好尺度：一是不能阻碍学生的全面发展；二是引导教师以科学的态度和符合规律的方式去追求分数，而非"唯分数论"。石龙三中自2015 年开展翻转课堂教学以来，课堂成了学生展示的平台。课堂上，师生间的关系平等了，学生自信了，生生之间学会合作了，与众不同的见解多了。课堂活了，学生动起来了，综合能力增强了，核心素养提升了。

4. 彰显学校品牌特色

2020 年至今，石龙三中先后被评为广东省中小学教师信息技术应用能力提升工程 2.0 试点校、广东省创新实践共同体牵头单位、广东省中小学教师校本研修示范学校、广东省科技创新教育实验校、东莞市品牌学校等。

5. 扩大示范辐射效应

学校充分利用品牌学校辐射效应、石龙三中教育集团的区域优势，实行校际互动，集团推进，积极发挥"三维课堂"示范引领辐射作用，尝试实施多模态信息化教育并行，构建课堂教学、帮扶托管新模式。2020 年 9 月至今，省内外交流团队到石龙三中观摩和交流教育信息化工作、研讨"三维课堂"模式教学累计 20 余批次。学校通过集团化办学、托管帮扶、共同体项目、结对交流等形式示范引领 20 余所学校开展课堂教学改革研究。学校提升工程 2.0 管理团队先后在省、市、镇做专题讲座 30 余次，接受省、市级媒体专访 10 余次。并先后承担省、市各地的 2.0 管理团队和骨干教师的跟岗研训、"一划两案"进校指导等工作任务 20 余批次。基于"自学—助学—悟学"的"三维课堂"教学模式通过"学习强国"、《光明日报》"圆桌论坛"等平台亮相全国。

虽然目前石龙三中的课堂改革工作取得显著的成效，构建了相对完善的课堂教学模式，达到了阶段性的目的，但仍存在进一步优化的空间。例如，如何将对学生的评价体系从校内拓展到家庭、社会，丰富评价主体、内容，优化评价方式？在大班额的教学背景下，如何实现让学习能力弱或学习有障碍的学生适性发展，真正实现因人施教而又不失教育的公平？如何保证在没有网络条件下学生也可以完成自学任务？如何将课题成果做成数字化产品，将"三维课堂"教学模式变成一个个生动的案例，利用互联网技术供其他地区学校有选择性、有针对性地学习，实现教学成果的有效推广？

基于"三维课堂"教学模式的实践与研究的脚步还没有结束，石龙三中会继续在实践中研究，优化"三维课堂"教学模式。接下来，学校还需依托国家、省、市关于课堂改革的政策与平台支持，将课堂改革进一步往纵深方向推进。首先，探索智慧特色应用。遵循东莞市中小学校智慧校园建设指南，建设数字化实验室、创客实验室、人工智能实验室，开展5G＋VR沉浸式教学的研究与实践，进一步凸显"三维课堂"与信息技术的深度融合。其次，构建智慧评价体系。在市级平台框架下，构建教师、学生评价档案，形成完整科学的评价体系；结合综合素质、学业质量、教学质量自动生成多维度的分析报告，对教育质量监测的各类评价指标进行管理，实现多元化"三维课堂"科学评价体系。

三、课堂教学模式的学科应用

新的课堂教学模式旨在改变教师教的方式和学生学的方式，形成自主合作探究的课堂教学模式。例如，语文教学注重培养学生"读、写、悟、说"的能力；英语教学注重培养学生"听、说、读、写"的能力；物理、化学教学注重培养学生的实验操作能力；政治、历史、地理、生物教学注重培养学生的生活实践能力；数学教学注重培养学生的解题能力及解决实际问题的能力。

石龙三中在全校范围内全力推动课堂教学改革，在学科中有机渗透品牌教育理念，下面以数学学科"有序数对"教学设计为例。

"有序数对"教学设计①

1. 教学目标

第一，学会用有序数对表示物体的位置。

第二，能够结合有序数对表示物体位置，体会数形结合的思想。

2. 教学重点

理解有序数对怎样确定物体的位置。

3. 教学难点

确定怎样用一对有顺序的数表示物体的位置。

4. 教学流程

（1）自主学习，课前小测。

学生在课前自主预习初中数学人教版七年级下册课本第 64～65 页，画出重点和疑点，完成"三维导学案"中的"自学案"，初步感知、理解新知识；然后用平板电脑扫描"自学案"中的二维码观看微课"7.1.1.1 平面直角坐标系的引入""7.1.1.2 有序数对"，完成平板电脑上面教师发送的 5 道课前小测。

【设计意图】教师引导学生在课前借助微课对新知识进行预习，并通过课前小测检验学生的预习效果。在这个过程中，有助于提升学生的自主学习能力，发挥信息技术的辅助作用，提升学生课堂学习的效果。

（2）情境引入，启发探究。

情境：周末，龙老师去电影院看电影，买了 4 张票，座位号分别是 3 排 6 列、6 排 3 列、4 排 5 列和 4 排 7 列。需要 4 位同学帮教师又快又准地找到座位。教师规定第一列和第一排，然后 4 位学生需在 5 秒内找到对应座位。教师用平板电脑上的"随机选人"功能抽一组同学完成该任务。找对的同学得到小奖品。

【设计意图】首先，通过给学生提供现实背景及生活素材，将整个课堂当作影厅，学生沉浸在情境之中，激发学生的好奇心和求知欲。其次，课堂开始就充分利用信息技术及适当的奖励对学生产生正强化的刺激，学生在整堂课中充满学习激情。学生通过亲身经历从具体情境中发现数学问题、寻求解决问题的方法，

---

① 该案例作者是东莞市石龙第三中学教师龙海威。

从而逐渐加深对有序数对的理解。

（3）尝试发现，讲授新知。

活动1：请判断座位表对应的有序数对的写法是否正确。

活动2：教师随机挑一人，该同学参照教室座位表，用希沃白板的橡皮擦得到一个有序数对，对应位置的同学作为幸运之星获得一份礼品。

活动3：教师随机抽取一人的名字，表示想去他家做客。为了表示欢迎，这位同学要马上站起来并大声说出代表他的座位的有序数对（注意：不能直接提问自己的组员或者同性别同学）。约定"列数在前，排数在后"。

【设计意图】通过新颖、有趣的游戏调动学生的学习积极性，学生通过主动参与激活了思维，通过训练巩固强化了新知识，很好地培养了学生学数学、用数学的意识。

（4）合作交流，拓展提升。

小组合作探究：如图2-29所示，A 的位置为 (2, 6)，小明从 A 出发，经过 (2, 5) → (3, 5) → (4, 5) → (4, 4) → (5, 4) → (6, 4) 的路径，小刚也从 A 出发，经过 (3, 6) → (4, 6) → (4, 7) → (5, 7) → (6, 7) 的路径。

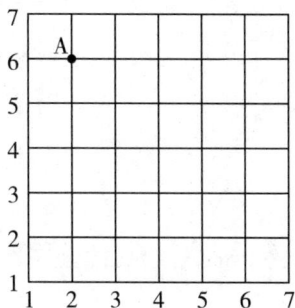

图2-29

①用不同颜色的笔画出两人行走的路线。

②则此时两人相距_____个格。

③B 的位置为 (4, 4)，请在图中找出该点并标记为 B。A 到 B 共有几条路径（只能向右或向下走）？请写出其中一条路径并在图中画出。

在该探究活动中，①②问题由学生单独完成，③问题由小组合作交流完成，并且每组拍照上传一个作品。

【设计意图】学生在合作探究、小组讨论的过程中突破难点，在交流中理清思路，同时避免漏掉部分答案。学生在解决问题的过程中归纳知识点和思维方法，在讨论中可以完善自己的认识，解决预习出现的疑惑，并实现知识的内化。通过合作交流，使全班学生都能够参与到课堂中，发挥小组合作的作用。

（5）反思小结，课后小测。

问题1：什么是有序数对？

问题2：有序数对有什么作用？

问题3："有序数对"中的"有序"能省略吗？

问题4：用有序数对表示物体位置体现了什么数学思想？

反思总结以后，学生完成平板电脑上的5道课后小测。

【设计意图】巩固和检测学生的上课效果。

5. 评价与反思

本节课设计的每个环节都是以学生为主体，充分体现了"以学生为中心"的理念，对于新知识的获得，鼓励学生自己去探索完成，并体会到自己进行探索是有意义的、有价值的，培养了他们在学数学上的自信心，激发他们对学习的浓厚兴趣。本节课提供了大量的实际情境，让学生很好地认识到数学来源于生活、数学为生活服务的观念。本节课的不足之处是未能够充分暴露学生的易错点，比如在写有序数对时将有序数对写反。

第三节　项目精品化，凸显学校品牌的关键

从内涵看，品牌项目是由学校人文精神、行为方式和价值取向等积淀而成的一种独特的文化；从形式看，品牌项目是学校建立社会信誉的过程；从社会角度看，品牌项目主要表现为对学校的认同度、美誉度和忠诚度；从学校本身看，品牌项目则是一所学校的形象标签。

下文以石龙三中的教育信息化融合创新为例。在推进"品质课堂"建设过程中，石龙三中针对自身教育发展的重点、难点，通过实施"互联网＋教育"

战略，以信息技术应用能力 2.0 提升工程为契机，按照"理念先行—基地引领—比赛促动—技术助力—评价导向—成果辐射"的工作思路，重点推进理念专题研训、实验基地建设、教学能力大赛、信息技术创新、评价体系创新、成果培育推广等项目，相互促进，协同实施。

一、项目背景

随着社会信息化程度的加深，知识愈加丰富，人工智能的应用更加广泛，教育只有向更深层次的能力本位转变，才能应对信息社会带来的挑战。教育信息化随之成为教育改革的一大趋势，以教育信息化全面推动教育现代化，开启智能时代教育。在我国教育部发布的《教育信息化 2.0 行动计划》中，提出"要实现从专用资源向大资源转变；从提升学生信息技术应用能力，向提升信息技术素养转变；从应用融合发展，向创新融合发展转变"，为课堂教学改革提供了方向。

在推进教育信息化 2.0 的发展过程中，难免会遇到以下问题和挑战：教师的信息技术水平参差不齐，应如何整体提升教师信息技术应用能力？传统课堂"满堂灌"的方式导致教学效率低下，如何充分发挥学校教育信息化优势，推动教师教学思维创新和教学模式改革？如何用好教育信息化 2.0 实现课堂创新，从"以教师为中心"转变为"以学生为中心"，提升学生核心素养，实现学生个性化学习和个性化发展？如何让教师信息技术应用能力提升工程从试点班、试点教研组的模式，走向整校推进、全员参与的实践？如何利用信息技术，结合大数据分析、人工智能等，更好地开展国家义务教育质量监测，落实立德树人的目标？

教育信息化的核心内容是教学信息化。在"办一所名校、兴一方教育、育一批栋梁"的教育奋斗目标下，石龙三中紧握教育信息化的时代脉搏，及时抓住"互联网＋教育"改革的机遇，开展基于信息技术和网络平台的课堂教学改革。在被称为东莞教育"慕课元年"的 2015 年，石龙三中敏锐地抓住机遇开展翻转课堂实验，成为东莞市第一批慕课试点学校。自 2015 年 9 月开展"莞式慕课"教育改革以来，学校取得了阶段性研究实验成果，实现了从硬件建设走向创新应用、从试点班级走向整校推进。石龙三中教育信息化推进工作时间轴如图 2 - 30 所示。

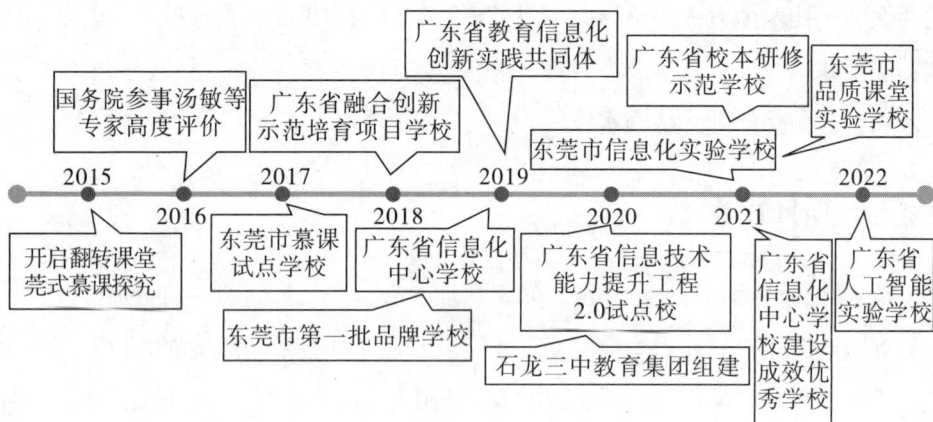

图2-30　石龙三中教育信息化推进工作时间轴

　　学校在慕课教改的基础上，积极推进教育教学与信息化的融合创新，推动信息技术环境下的课程与教学改革，提高教育教学质量和教育治理现代化水平。2018年11月29日，石龙三中举办东莞市松山湖片区教育信息化融合创新学术交流活动（见图2-31）。会上分享了"基于云平台的莞式慕课翻转课堂的实践研究"项目，该项目为2018年度广东省基础教育信息化融合创新示范培育推广项目。

图2-31　石龙三中举办东莞市松山湖片区教育信息化融合创新学术交流活动

在推进教育教学与信息化的融合创新中，学校开设了 26 个翻转课堂教学班，占全校班级数近 62%。常态化开展翻转教学的学科包括语文、数学、英语、物理、化学、道德与法治、生物、信息技术等。教师和学生在熟练运用信息技术手段的基础上，借助"教学云平台"实现学生个性化学习，科学、便捷的大数据统计、分析帮助师生开展针对性的教与学，做到"以人为本、因材施教"，让学生成为学习的主人。

如图 2-32 所示，学校基于信息技术与网络平台的课堂教学改革是以学生为中心的，从单向输出转变为多向互动，既能在教师、教材、互联网资源、同伴之间发生强交互，又能让学生与在线学习社区、外部专家发生强交互，让学生走向深度学习。它不只改变了校内的教学生态，更引发了一场学校的课堂革命。

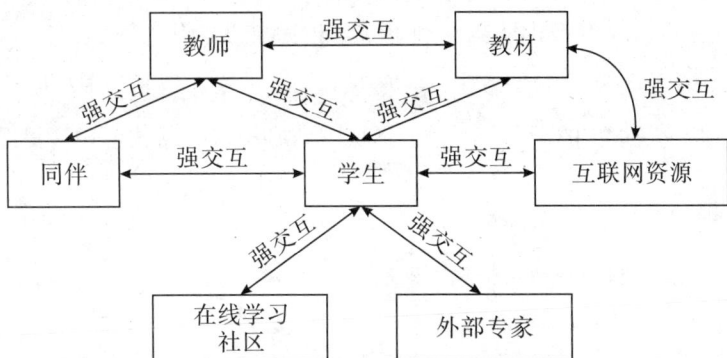

图 2-32　基于信息技术与网络平台的课堂教学改革

二、项目策略

石龙三中主要通过以下方面来着力打造慕课教育特色品牌。

(一)完善信息化平台建设

第一，基础环境建设。学校有 2 条千兆教学专用光纤，全校 42 个班，开设了 20 多个平板电脑教学班，建设了 6 间公共平板电脑翻转课堂教室，实现了常态化翻转课堂教学，其他班级均配备了一体机等信息化设备。建设了 5G 网络，并依托 5G 技术，开展"5G+"同步课堂、"5G+"远程互动教学等教学应用与创新体验。

第二，共享服务体系建设。学校建设智慧课堂，并融合创新空间、网络学习空间与协作学习（北斗云教学平台）等，建构个性化的网络学习空间。

第三，数字教育资源。初步建成包含 5 000 多节精品微课、1 万多个教学设计、10 万多道试题的区域数字化校本教学资源库，覆盖小学、初中各主要学科，在全镇范围内共享共建。

（二）"双师教学"促进民办学校整体提升

近年来，为了推动石龙镇初级中学教育的均衡发展，让民办学校的学生也能享受到公办学校的优质教育资源，大幅提高民小学校的教育教学水平，在东莞市教研室的部署下，石龙三中与东莞市石龙龙联学校结对开展"双师教学"模式的探索活动，成为全市六队"双师教学"试点学校之一。为保证"双师教学"项目顺利实施，两校成立"双师教学"项目领导和研究指导小组，统筹协调工作开展；成立学科研究教师团队，制定学科指导意见，开展专题研究，提供专业指导。自 2016 年 3 月"双师教学"实验项目启动以来，石龙三中高度重视和关注对东莞市石龙龙联学校的帮扶与互助，形成"双师教学"帮扶模式（见图 2 - 33）。

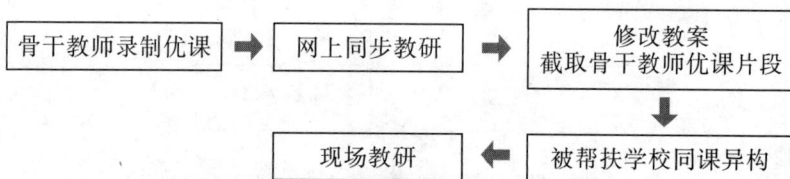

图 2 - 33　"双师教学"帮扶模式

通过"双师教学"，东莞市石龙龙联学校提升了课堂教学质量，学生在市级及以上各类比赛中的获奖人次有所增加，促进了教师的专业发展。在此过程中，石龙三中教师的教学能力也有所提升，学校的影响力和美誉度都在提高。

（三）远程同步课堂实现教研零距离

为贯彻党的十八届三中全会提出的"构建利用信息化手段扩大优质教育资源覆盖面的有效机制，逐步缩小区域、城乡、校际差距"的文件精神，石龙三中积极开展莞韶教育信息化对口帮扶教学研讨活动——远程同步互动课堂，实现东莞、韶关两地数字技术远程教学的互联、互通、互动对接，并通过互联网面向全国实时全程直播。充分发挥了网络不受时间、空间限制的作用，近距离地开展异地异校之间的教育教学展示和研究。

例如，以初中数学远程同步互动课堂教学研讨为契点，2016 年 12 月，东莞、韶关教育信息化对口帮扶教学研讨活动在石龙三中成功举办。这是学校在教育信息化环境下走在前沿的成功尝试。学校以此为起点，积极与市内其他镇区的学校（如东莞市高埗镇低涌中学）开展远程同步教学。远程同步教学的实施，使学校的教育信息化工作再上一个台阶，学校教师对信息技术的运用能力、对远程课堂的掌握能力都得到了提升。

（四）深耕翻转课堂

翻转课堂是一种重新调整课堂内外时间，将学习的决定权从教师转移给学生的课堂教学模式，学生在这种模式中能够更专注于基于项目的学习。翻转课堂是高效课堂，在减轻学生学业负担的基础上，能有效提高教学效益，实现个性化教学。依托大数据和云计算，它还能记录和保存学生的学习历程，为实现终身教育提供支撑。

石龙三中从 2015 年 9 月开始，建设基于网络平台的翻转课堂，历经"问道、开道、入道、搓道、出道"，通过"五一"工程探究翻转课堂（见图 2 - 34）。"问道"指"走出去、请进来"，学校先后数十次选派教师外出学习，从全国各地请来专家做教学培训、指导；"开道"指自 2015 年开始翻转课堂建设以来，政府提供了大力支持，各级领导给予了高度关怀，众多专家提供了精心指导；"入道"是最核心、关键的一步，主要通过"五一"工程进行翻转课堂探究与实践，包括一周一公开（每周一次翻转公开课）、一周一教研（每周一次翻转教研会）、一期一开放（每期对家长开放一次翻转课堂）、一期一对比（每期一次数据分析）、一期一总结（每期进行一次翻转汇报）；"搓道"是省内外兄弟学校领导、教师到校进行交流、观摩，互相提升；"出道"则是翻转课堂教学模式的成功建模。

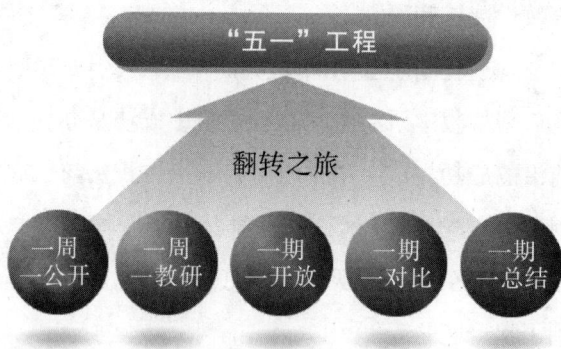

图 2 - 34　"五一"工程探究翻转课堂

三、融合创新

快乐高效的课堂学习是石龙三中幸福教育的重中之重，是师生幸福的根本保障。实现教育的公平和均衡，就是要在课堂里面找到公平和均衡，让每个学生接受最适合自己的教育。经过深耕，石龙三中翻转课堂在建设方面取得了丰硕的成果。

（一）探索出基于网络平台的核心循环翻转课堂教学模式

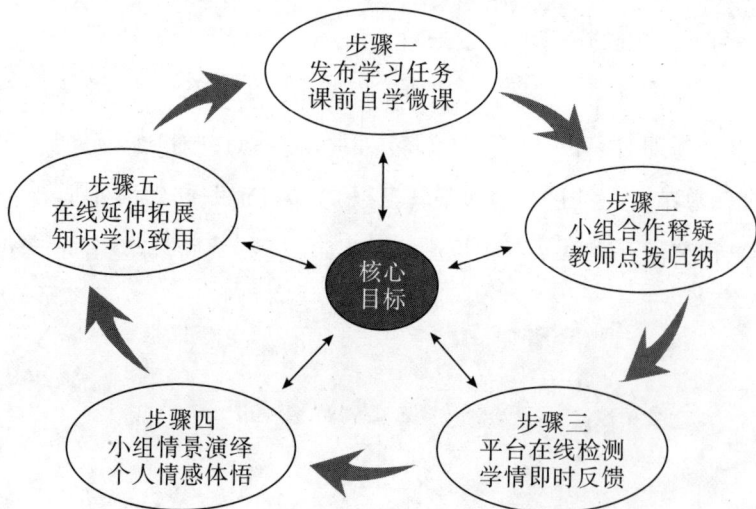

图 2 - 35　基于网络平台的核心循环翻转课堂教学模式

一堂课最重要的就是要明确核心目标，然后围绕核心目标将知识分解到课前、课中和课外。基于网络平台的核心循环翻转课堂教学模式分为五个步骤（见图2-35），从学生自学、小组合作、在线检测、小组演绎和个人体悟到延伸拓展，形成教学闭环。围绕核心目标将课内的一部分内容放到课前预习，让学生带着问题走进教室听课，课堂主要通过小组合作，师生、生生互动来解决教学当中的问题，最大限度地提高课堂教学的效果，提升教学质量。

例如，学校语文教师的"文言文核心知识翻转循环教学"就是打破"教"与"学"两张皮的课堂窘境的范例。以往一节45分钟的文言文课，把大量的时间放至文章字词、句意的疏通上，导致课堂显得乏味。在这一堂课上，教师先筛选和引导学生在互联网平台上深度自学，自学完成的基础知识"翻"到课前，教师根据学生反映的学情二次备课。学生带着自学疑问，深入参与第二天的课堂，同小组成员交流、释疑，便可基本掌握文言文的字词注释、文章含义。如此一来，教师便可腾出大量的时间引导学生进行小组合作、充分表达和体悟情感。同时，还能使学生在课堂内完成课外作业，减轻学生的课业负担。在翻转课堂上，学生成为课堂的主人。

（二）构建"两段三步五环云连接"的翻转课堂教学模式

学校逐渐摸索出基于网络平台的核心循环翻转课堂教学流程，构建"两段三步五环云连接"翻转课堂教学模式（见图2-36），奠定幸福课堂的基础。

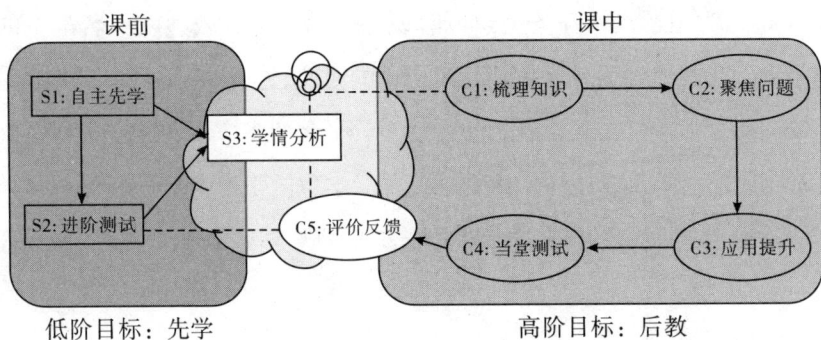

图2-36　"两段三步五环云连接"翻转课堂教学模式

　　"两段"即课前和课中两个时段的学习。课前完成低阶目标的学习任务，课中完成高阶目标的学习任务。

　　"三步"即课前自主先学、进阶测试和学情分析。教师提前发布自主学习任务单，学生根据任务单的指引自主先学教学内容，然后在平板电脑上完成与自学内容相配套的进阶测试并在线提交。

　　"五环"即课中梳理知识、聚焦问题、应用提升、当堂测试、评价反馈。教师通过大数据反馈获取学生课前自主先学的学情后，针对学情进行二次备课，在课堂上，教师先进行知识梳理，再现知识内容，然后聚焦学生在自学过程中存在的问题，通过生生互助、师生互助释疑解难。掌握知识不是最终的目标，它只是过程，教学的最终目标是学生能灵活地应用知识。因此在课堂上教师需巧妙设置情境，为学生"应用提升"搭建平台。学习过程结束了，教师需要及时了解每位学生的学习效果，因此"当堂测试"必不可少。学生在平板电脑上完成教师针对教学内容设计的测试题，现场完成，即时提交，确保真实。云平台大数据及时统计，当场反馈，教师可当即了解每位学生的学习情况，当堂点评，及时查漏补缺。

　　"云连接"是指借助互联网大数据统计功能，及时反馈课前和课中两个学段的学习效果，使所有的课堂教学活动均建立在学情的基础上，从而大大提高课堂教学的效果。例如，2020 年 11 月，石龙三中与西藏林芝八一中学通过云平台实现同上一节课。石龙三中英语教研团队推出八年级英语翻转课 Dream Jobs，以"Dream Jobs"为主题设计任务型学习听说课。课堂上，教师以一名学生的择业困惑与求助为出发点，引导学生从认识职业的属性、选择职业的原因及如何去实现自己的理想职业等三个角度进行学习。在云平台的支撑下，通过平板电脑互动练习，教师及时掌握了学生课堂大数据，并对学生的学习情况进行分析，学生认真参与课堂教学。而在千里之外的西藏林芝八一中学，当地学生通过大屏幕走进 Dream Jobs 课堂。

（三）总结网络平台五要素和翻转课堂五标志

　　总结出基于网络平台的五要素"自学任务找疑问、质疑辨析找方法、教师点拨找关键、小组活动找合作、数据反馈找差异"和翻转课堂的五标志"翻内容、翻角色、翻模式、翻方法、翻评价"。

图 2 - 37　石龙三中翻转课堂教学

四、效果表现

经过几年的探索，"互联网＋教育"的新尝试使得石龙三中的品牌发展进入快车道，学校各方面都取得了优异的成绩。

一是学生方面。发展核心素养，提升学业水平；实施精准教学，实现培优转差；延伸学习空间，拓展学习渠道；提升学习能力，培养创新能力。如：2018—2022 届翻转班学生的学业成绩、综合素养逐年进步。图 2 - 38 是 2018 届各班毕业生人均进步值统计。数据显示，1 班、7 班两个实验班学生人均进步值包揽前两名，均为 23，而传统班人均进步值最高为 14。表 2 - 9 是 2019 届翻转班与传统班高分段对比。数据显示，翻转班高分段人数百分比均高于传统班。表 2 - 10 是 2020 届翻转班与东莞市平均数据对比。数据显示，2020 届翻转班的平均分、及格率、优秀率均大幅超过东莞市平均值，平均分超 80.49 分。2022 届中考全镇总分前六名均在石龙三中。

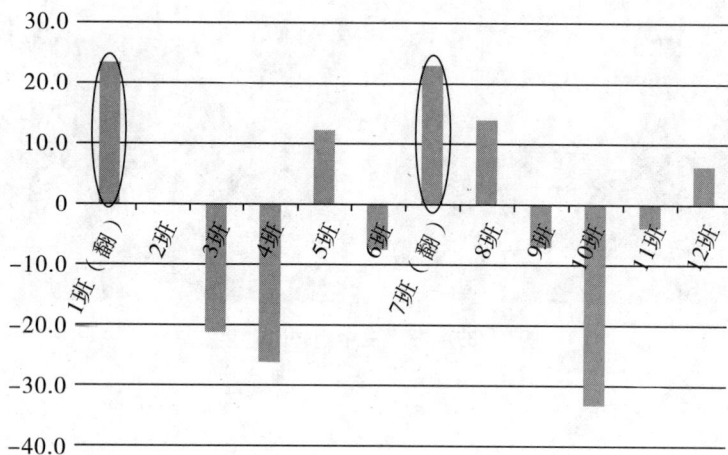

图 2 - 38　2018 届各班毕业生人均进步值统计

表 2 - 9　2019 届翻转班与传统班高分段对比

班级	莞中上线		六大校上线		700 分以上		720 分以上	
	人数	百分比（%）	人数	百分比（%）	人数	百分比（%）	人数	百分比（%）
传统班	10	2	82	19	61	14	29	7
翻转班	7	9	30	38	27	35	12	15
翻转班对比传统班		+7		+19		+21		+8

表 2 - 10　2020 届翻转班与东莞市平均数据对比

	平均分	及格率（%）	优秀率（%）
石龙三中	653.25	97.60	89.87
全市	572.76	82.07	43.28
石龙三中对比全市	+80.49	+15.53	+46.59

　　二是教师方面。教师通过参与翻转课题研究，实现专业成长，通过实践研究，提升科研能力。2016 年以来，学校教师有 16 个翻转教学方面的课题获立项，

其中省级 4 个、市级 12 个；34 篇有关翻转教学的论文（案例）获奖或被市级及以上重点刊物刊载，其中国家级 2 篇、省级 10 篇、市级 22 篇。

三是学校方面。首先，提升了学校内涵，促进了品牌发展。学校先后被评为广东省信息化中心学校、广东省信息技术与课堂教学融合创新项目推广学校、广东省中小学教师信息技术应用能力提升工程 2.0 试点校。2019 年，石龙三中荣获东莞市第一批品牌学校培育对象，领跑全市"慕课"。国家、省、市、镇各级领导高度关怀，多次来校调研、了解、指导慕课建设，并对学校慕课实验给予高度评价。2016 年，国务院参事汤敏来学校调研时，还特意走进翻转课堂听课。调研结束时，他说："石龙三中（翻转课堂建设）这种模式可复制、可推广。"其次，完善备课流程，初建校本资源库。课题组经过三年实践研究，语文、数学、英语三科组经过"个人初备课—集体精备课"教学研讨，初步建立起了基于网络平台的核心循环翻转课堂教学的校本资源库。现有课件 648 个、任务单 1 944 个、教学设计 870 个、微课 530 节、优课 231 节、配套练习 3 110 份。

四是社会方面。一方面，大力推广成果，积极引领辐射。翻转课堂形成的"三中模式"首先在东莞市石龙明德小学成功推广，然后逐渐在东莞市石龙镇全面铺开，使石龙镇的翻转课堂实验从初中到小学、从公办到民办，完成了全学段的覆盖。到 2020 年 1 月，石龙镇的翻转课堂常态化的实验班已经达到了 65 个，接下来还将继续扩大规模，让更多人从中受益。石龙三中的翻转课堂吸引了来校考察省内外交流团队累计 53 批次，先后在市内外做有关翻转课堂教学的经验介绍多达 28 次。另一方面，社会影响深远，媒体竞相报道。如《广州日报》曾深入石龙三中，对翻转课堂进行多层次、多维度的报道。

治校观察｜石龙三中：教育信息化为"省级示范校"助力①

上课铃响起，五六个学生正围坐在桌前，在小组讨论中开展自主探究学习；同时人手一部平板电脑，通过屏幕进行随堂训练与教师互动。而在每堂课前，学生们已经全部通过微课或导学任务完成了预习，教师通过提前收集自学成果和二次备课，可将课堂上的时间精准分配到教学重难点上。

———————

① 发表于《教育莞家南方号》，作者为于羽佳。

这是石龙三中一节稀松平常的翻转课堂，这也是石龙三中着力打造的"幸福课堂"。翻转课堂可以在减轻学生学业负担的基础上，有效提高教学效益，依托大数据和云计算，它还能记录和保存学生的学习历程，为实现终身教育提供支撑。

早在被称为东莞教育"慕课元年"的 2015 年，石龙三中就敏锐地抓住机遇开展翻转课堂实验，成为东莞市首批慕课试点学校、"双师教学"试点学校。全校共计有 26 个班已经开展常态化翻转课堂，占学校班级总数的 62%，中考成绩也连续多年超过市平均水平。

2018 年 11 月，石龙三中启动"基于云平台的莞式慕课翻转课堂的实践研究"省级项目，并聘请广东省教育技术中心林君芬博士为顾问，为学校教育信息化建设出谋划策。按照"一校一案、整校推进"工作机制，石龙三中积极探索"基于课堂、重在创新"的信息技术应用功能校本研修与考核模式。

学校充分利用各级培训资源，组织教师参与信息技术的网上学习；选派年轻教师外出学习；采用"聘请专家""开设工作坊""跟岗培训"等方式，分批对全校教师进行基于翻转课堂的深度学习的理论和实操培训；指导全体教师开展智慧教育学习环境下的五个维度 28 个微能力点认证。

几年间，石龙三中以信息化引领师生信息素养提升，以构建"三维课堂"教学模式为抓手，其教育信息化工作逐步成为业内典范。去年，石龙三中更是成为广东省中小学教师信息技术应用能力提升工程 2.0 试点校，如今该项目还作为全省唯一的"整校推进"优秀案例参加教育部遴选。

所谓"三维课堂"，是应用信息技术，从"过程、目标、阶段"三个维度推进，并通过"自学、助学、悟学"三个维度将传统课堂升级为"三维课堂"。目前，学校已总结出基于网络平台的"自学任务找疑问、质疑辨析找方法、教师点拨找关键、小组活动找合作、数据反馈找差异"五要素和"翻内容、翻角色、翻模式、翻方法、翻评价"五标志。

以学生为中心，培养核心素养，它不只改变了石龙三中的教学生态，更引发了一场课堂革命。据了解，翻转课堂形成的"三中模式"首先在石龙明德小学成功推广，此后逐渐在石龙镇全面铺开，使石龙镇的翻转课堂实验从初中到小学、从公办到民办，完成了全学段的覆盖。

第三章

研修与强师——品牌学校的创新内驱力

当学校品牌的办学理念落实到具体的教育教学实践中，并通过改革实践与每一位教师发生关系时，学校品牌的创建就和教育教学研究、教师发展成为不可分割的有机整体。遵循以校为本、以研促教的原则，着眼校本教研，实现教与研的结合，不断提升学校教研水平、提高教师专业化水平、提高教育教学质量，为打造品牌学校注入发展内驱力。

第一节　科研前沿化，发展学校品牌的动力

苏霍姆林斯基说过："如果你想让教师的劳动能够给教师带来乐趣，使天天上课不至于变成一种单调乏味的义务，那你就应该引导你的教师走上研究这条幸福之路上来。"① 教育科研是指为了改进学校的教育教学工作，提高教育教学质量，从学校实际出发，依托学校自身的资源优势、特色进行的教育教学研究，其具有预测教育未来趋势、推动教育科学建设的作用。教育科研既是教师转变教育教学方法、促进专业成长、提高教育教学水平的重要途径，也是学校可持续发展的不竭动力，是学校内涵发展的有效增长点。积极开展教育科研，认真研究和探索教育自身规律，从实际出发，按规律办事，是形成办学特色、创建品牌的关键。

《中国教育改革和发展纲要》强调："要把教育科学研究和教育管理信息工作摆到十分重要的地位。"只有加强教育科研，才能正确分析学校的实际办学基础，才能挖掘潜力、扬长避短，调动各方面的积极性，增强创办特色学校的动力。许多品牌学校都是在教育科研领域做出开拓性贡献并脱颖而出的。比如，辽宁省黑山县北关实验学校于1958年首创"集中识字"教学法，随后承担多项国家级重点实验课题，因教改经验效果显著，学校蜚声全国教坛，逐渐成为全国名校之一。又如，全国名校之一的杭州市天长小学，多年始终在教育科研上发力，走出了"科研 + 创新 = 发展"的道路。该校20世纪80年代开展的"小学生最优发展综合实验"被誉为"全国中小学整体改革四大模式"之一，90年代研究的课题"差异教育实验"被列入"九五"国家级重点课题，并在研究过程中孕育了11名特级教师。② 这两所学校的实践证明了教育科研是学校品牌的最大"看点"，是打响学校品牌的最优路径。一言以蔽之，以课程改革为契机，深入开展教育科研，坚持"科研兴教、科研兴校、科研强师"的战略是发展学校品牌的

---

① B. A. 苏霍姆林斯基. 给教师的建议 [M]. 杜殿坤，编译. 北京：教育科学出版社，1984.

② 佚名. 名校之"名"——杭州市天长小学：科研 + 创新 = 发展 [J]. 教育科研论坛，2009（5）：1.

必由之路。

　　教育科研的范围广泛，包括所有有关教育方面的宏观和微观的问题。因此，确定研究什么、为什么研究、怎么样研究、如何保障研究全过程十分重要。进行教育科研，必须有目的、有计划，具有连续性、系统性，否则研究就成了"面子工程""形象工程"，不仅不能深入影响教学改革和学校发展，还会浪费许多人力资源、资金和时间。

　　进行教育科研一般涉及以下环节：首先，制订教育科研计划。学校要分学期或学年制订校本教研计划，收集整理在工作中亟须解决的问题进行探讨、提炼，形成校本教研课题——教育科研的核心。其次，制定教育科研制度。要在制度上予以保证，在经济上予以支持。再次，落实教育科研措施。多角度、多形式、多层次地开展研究，经常性开展教学大比武、听课评课、教育教学反思和案例分析等丰富多彩的教研活动，让教师不仅是"教书匠"，还是"研究者"。最后，组织教育科研总结。定期在研究过程中进行阶段性总结，分析情况，及时解决出现的问题；研究结束进行收尾性总结，提炼经验，为下一个课题或者继续深入研究本课题提供参考。

一、课题研究

　　课题研究是教育科研的核心和起点，也是强大学校教育科研品牌的关键。教师进行课题研究是其成长为创新型教师、研究型教师的必由途径。关于课题研究的定义，可以理解为"根据社会和人发展的要求，对教育发展和教育实施提出具体规划或方案并实施的过程"[①]。从这个角度看，课题研究对优化或改进学校教育具有引领性作用。因此，发展学校品牌必须注重课题研究，以课题推动学校教育科研发展、学校工作科学化，以课题引领学校的强校工程建设。

（一）课题研究的程序

　　一般来说，课题研究的程序包括选题、课题立项、课题开题、开展研究、结题五大环节，见图 3-1。

---

　　① 顾培培. 中学开展教育课题研究的动力与效用分析——对上海市若干所学校的实证调查［D］. 上海：华东师范大学，2007.

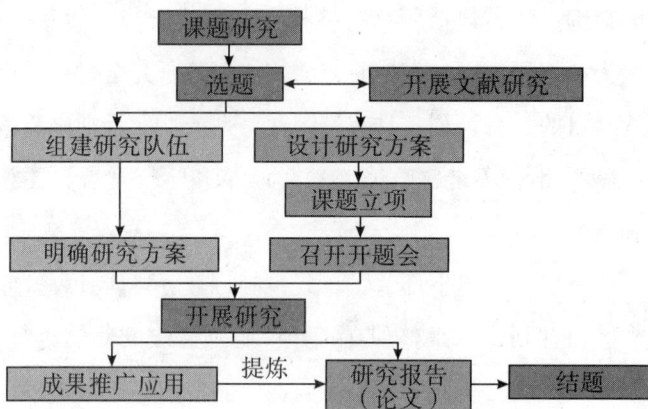

图 3 - 1　课题研究的程序

其中，选择和确定研究课题是教育科研的第一步，也是最重要的一步。要结合当下的教育环境、教育政策、校本情况、教师队伍水平，参考多方面资料对课题进行考虑和筛选，不能"天马行空"，也不能太过简单。"天马行空"的课题与学校教育情况不相符，研究起来难免把不准方向、得不到结果；太过简单的课题无法与学校改革及特色发展产生联动反应，更不能提升教师的科研水平，俗话说"不进则退"，长期研究简单的课题，不利于学校的深度发展。因此，课题要具有前瞻性、可行性、创新性和实践性。例如，获得上海市第八届教育优秀成果一等奖的两个课题"高中创造教育课程框架的构建与实施研究"（上海市向明中学）、"晋元高级中学走班制研究"（上海市晋元高级中学），就将课程改造与学校办学理念有机结合，为其他学校提供了课题研究和课程改革的范例。

下面以石龙三中为例论述课题研究的几个环节。石龙三中近几年依据国家新课程改革、广东省融合创新推广项目、东莞"慧教育"建设、东莞"品质课堂"建设等方向，结合学校课堂改革、教育信息化发展的现状和需求，并根据学科的特点，开展了多项课题研究，获得累累硕果，让学校教育科研工作走上了新的台阶。

1. 课题立项

课题立项的关键在于选题，选题的第一步是通过问题发现研究价值，然而不是教育教学中存在的所有问题都可以成为课题，一些范围太过广泛、前瞻性和价值性不高的问题，不适宜作为课题。目前来看，学校课题研究呈现出"学校课题核心化"和"个人课题微型化"两种趋势。但不管是哪种趋势，中小学课题研究的选题方向应遵循两大原则：一是以校为本，深入真实的教育生活；二是注意政策导向，具有一定的社会价值。在课题立项阶段，必须对所研究的课题进行必要的资料搜集，通过初步论证分析课题研究的可行性，避免后续课题开题后出现研究无法深入进行的情况。

基于以上思考，石龙三中近年在选题上围绕"幸福教育""融合创新""翻转课堂"等内容，引导各学科结合学科性质申报国家、省、市级课题，在课题研究中提升教师的认识水平和研究能力。同时，展开校内外竞争，引导更多的学科成为幸福教育品牌学科，全面推进学科幸福教育品牌教学建设。学校现有专任教师135人，其中2018年、2019年参与开发校本课程、相关研究课题的专任教师77人，占比57%，合作开发校本课程、市级以上相关课题立项89人次。2018—2022年，学校各学科根据学科教育教学情况开展多项校本课程项目或课题，部分如表3-1所示。其中2021年有1项国家级、1项省级、1项市级课题结题，2项省级和7项市级课题立项并开题。

表3-1 石龙三中2018—2022年校本课程项目或课题名称（部分）

年份	校本课程项目/课题名称
2018	广东省教育研究院主办的广东省全民科学素质行动科技活动成果展示活动，"东莞市石龙第三中学科技节（周）活动"获省级二等奖
	省级课题："三维导学案"的初中数学翻转课堂教学模式的研究
	省级课题：基于云平台的莞式慕课翻转课堂的实践研究
	省级课题：初中生财经素养教育主题活动设计研究
	市级课题：基于初中数学翻转课堂的小组合作学习有效策略的实践研究
	市级课题：使用案例法开发"家长学校"课程资源的研究与实践
	市级课题：初中体育校本微课程设计与开发的实践研究

（续上表）

年份	校本课程项目/课题名称
2019	省级课题：基于核心循环教学法的翻转课堂教学模式的实践研究
	省级课题：初中语文群文阅读教学实践研究
	省级课题：初中生财经素养教育主题活动设计研究
	市级课题：智慧教育区域公共服务资源的建设与应用实践研究
	市级课题：基于网络平台的核心循环翻转课堂教学模式的实践研究
	市级课题：微课在初中数学翻转课堂中的应用研究
	市级课题：幸福教育品牌学校内涵特征与建设路径的实践研究
	市级课题：信息技术与初中英语听说教学融合创新的实践研究
	市级课题：旨在提高数学核心素养的七年级数学校本课程的开发与研究
	市级课题：基于信息化平台进行翻转模式的初中英语写作教学研究
2020	省级课题：智能学习环境下基于翻转课堂的 D-Learning 教学模式实践研究
	省级课题：智慧课堂环境下初中英语精准教学研究
2021	省级课题：基于信息化的品质课堂实践研究——"三维课堂"教学模式的探索
	省级课题：基于 5G + 智慧教育背景下的"三维课堂"教学模式的实践研究
	市级课题：基于"自学—助学—悟学"的初中物理三维课堂教学模式的实践研究
	市级课题：基于深度学习的初中数学小组合作的实践与研究
	市级课题：基于教育信息化 2.0 的初中化学小组合作研究与实践
	市级课题：基于东莞乡土地理的初中研学课程的开发与实践
	市级课题：基于三维课堂的初中语言作业设计策略研究
	市级课题：城镇中小学"家校医"心理健康联动工作模式的开发及应用研究
2022	省级课题：广东省中小学教师信息技术应用能力提升工程 2.0 专项科研课题"智能学习环境下基于翻转课堂的 D-Learning 教学模式实践研究"
	省级课题：初中生财经素养教育主题活动设计研究
	省级课题：跨学段教育集团整体推进能力提升工程 2.0 的实践研究
	省级课题：教育信息化 2.0 环境下的"一核五层六级"校本研修机制的研究
	省级课题：基于"1 + N"研修机制的校本研修教育联盟建设的研究
	省级课题：IFMSD 视域下"三维课堂教学模式的构建与研究"

（续上表）

年份	校本课程项目/课题名称
2022	市级课题：基于"三维课堂"教学模式的初中数学个性化作业设计研究与实践
	市级课题：以计算思维培养为核心的初中 Python 编程教育实践研究
	市级课题：双减背景下初中地理个性化作业设计的策略研究
	市级课题：融合劳动教育与中国传统节日文化创新班本课程的研究与实践
	市级课题：初中体育与健康实施"行政班＋分层走班制"教学组织模式的研究与实践
	市级课题：基于三维课堂的初中生活化情景作文教学实践研究
	市级课题：双减背景下基于"三维课堂"的初中道德与法治作业设计的研究与实践

从表 3 - 1 可以看到，石龙三中申报的课题与学科、学校教学工作、学校教育品牌关系紧密，对解决课程改革中的实际困难、满足学校发展的需要、引导学校教育的发展方向具有现实意义。例如，学校教育科研的重要内容之一就是培育品牌学校，2019 年 6 月，笔者从品牌学校研究方向出发，主持市级课题"幸福教育品牌学校内涵特征与建设路径的实践研究"；建设幸福教育品牌学校的重要抓手之一就是信息技术与学科教学的融合创新，2019 年 7 月，笔者立足课堂教学改革，主持课题"基于核心循环教学法的翻转课堂教学模式的实践研究"，该课题被广东省教育技术中心立项为教育信息化应用融合创新重点课题。

2. 课题开题

课题开题的程序主要包括撰写开题报告和组织开题报告会。开题报告作为选定课题后的步骤，是将课题从设想层面转化为实际行动的关键一步，能让研究者更清晰研究思路、方向、内容、行动计划。

石龙三中在落实课题研究前，都依照相关程序，写好开题报告，开好报告会，并邀请专家在报告会现场进行论证指导，对课题实施的科学性和可行性进行评议，对课题的研究方法和内容提出具有针对性与操作性的意见。可以说，开题报告是对课题研究的精准把脉，能够指引学校按照指导要求，做真实而有深度的研究。以下是关于 2022 年东莞市初中唯一的"百千万人培养工程"名校长项目专项课题"基于信息化的品质课堂实践研究——'三维课堂'教学模式的探索"开题报告会的报道。①

2022 年 1 月 13 日下午，石龙三中举办"广东省中小学'百千万人才培养工程'专项科研项目"课题"基于信息化的品质课堂实践研究——'三维课堂'教学模式的探索"开题报告会。该课题作为 2022 年东莞市初中唯一的"百千万人才培养工程"名校长项目专项课题，备受业界关注。广东第二师范学院教师研修学院院长熊焰、东莞市教育局教研室主任黄远、广东第二师范学院教师研修学院副院长于慧、东莞市中小学教师发展中心主任李兵、石龙镇教育工会主席冷芬腾等五位专家莅临指导。

石龙镇教育管理中心主任钟润森，石龙镇教育管理中心教研室主任禹蓉春、副主任吴燕锋，东莞市教育装备中心干事黄泽鑫出席报告会。课题主持人、石龙三中校长杨森林与课题组成员、学校行政及教师代表参会，并做开题报告。

熊焰院长代表专家组宣读了课题批复文件，并向杨森林校长颁发课题立项通知书和课题主持人证书（见图 3 - 2）。五位专家分别就课题实施的科学性和可行性进行评议，对课题的研究方法和内容提出富有针对性与操作性的政策引领，并给予了建设性意见。

图 3 - 2　颁发课题立项通知书和课题主持人证书

---

① 　该报道由东莞市石龙第三中学张娟撰写。

钟润森主任对专家组指导课题开题工作表示感谢，并表示镇教育管理中心会全力支持石龙三中开展课题研究工作。同时，他希望课题组深入开展"三维课堂"教学模式的探索，不断拓展教育科学知识，实时解决教育教学中的问题，加强教育教学前沿问题的研究，上好"常态课""研讨课"，多出"示范课"，持续提高教育教学质量，并在这个过程中，让教师实现从"经验型"向"科研型"的转变；希望课题组通过"走出去、请进来"的方式广泛交流借鉴，拓展信息渠道，使课题研究更加与时俱进；希望课题组成员和课题组之间加强互动协作，严格执行《广东省教育科学规划课题管理办法》，做好课题的自我管理工作，履行好课题申报时的承诺。随后，课题主持人杨森林校长为课题组成员颁发聘书并合影。

石龙三中将以课题研究为契机，沿着专家指引的方向，按照学校的指导要求，做真实而有深度的研究，有效提升教学品质，促进教师从教书匠向研究型、专家型教师转变。

3. 开展研究

在开展研究环节，学校首先要在明确研究内容的前提下，分解课题的具体任务，落实到每一位课题成员身上，并规划课题研究的时间节点，将研究内容分解到各个阶段。其次，将课题研究落实到日常教学过程中，带着课题教学，以教学验证课题；可以融合学校的办学特色，开发符合课题方向与学校长期发展的校本课程。最后，围绕课题进行资料收集与举证、研修会议、专家讲座等推动课题正常、健康、有序进行的研究活动。及时进行阶段性总结，调整出现的问题，确保在顶层设计与项目内容系统研究上更加清晰，更好地找准目标。

例如，石龙三中数学科组在课题"旨在提高数学核心素养的七年级数学校本课程的开发与研究"的研究过程中，结合学校校本资源建设，举办了多次研修活动及专家讲座。每次活动数学科组教师都会在现场进行翻转课堂公开课展示，让专家及同行教师对课堂进行指导，实现以课题促进教学质量提升的目标。以下是该课题组成员的翻转课堂公开课情况。

【公开课："二次根式"】

　　谢文萍老师在公开课"二次根式"中体现了信息技术赋能的课堂新方式。课前，谢文萍老师让学生以小组为单位总结"二次根式"的知识点，在课上让小组代表上台讲解本小组总结的知识点。课堂上给予学生自主整理知识点、易错点的机会，学生通过平板电脑拍照上传，达到自主发现问题以及解决问题的目的（见图3-3）。在云平台的支撑下，通过平板电脑互动练习，谢文萍老师及时掌握学生课堂大数据，并对学生的学习情况进行分析，学生则认真参与课堂教学。

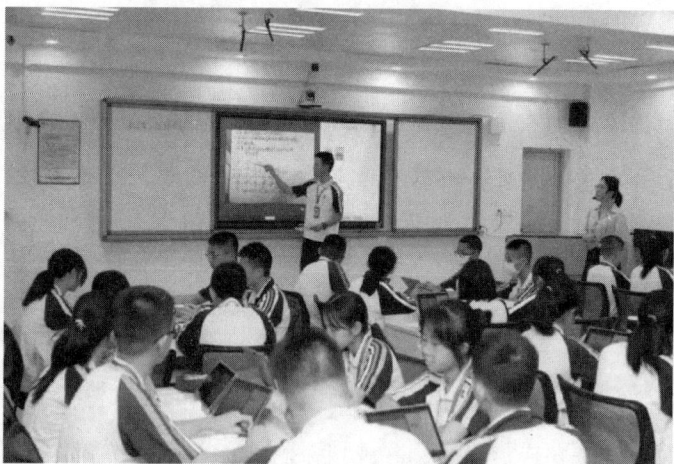

图3-3　公开课现场

　　课题的实施与研究是一个长期的工程，"心急吃不了热豆腐"，需要研究者拥有良好的研究品质，保有耐心、用心、恒心、细心，坚持不懈，做到"瞻前顾后"、有效推进、且行且思。正如江苏省南京市长江路小学校长周卫东所言："中小学教育科研的关键是要亲近实践，进行'田野研究''行动研究'和'适度的理论研究'。"[①]

　　4. 结题

　　结题是整个课题研究的收尾，是研究结论的提炼和成果的展现。其程序主要包括撰写结题研究报告资料（如专著、成果论文、案例汇编、校本课程资料等）

---

　　①　周卫东. 让教师走上教育科研的"幸福之路"［N］. 中国教育报，2022-01-21.

和举行结题鉴定会。其中，论文撰写是结题阶段最常见的成果，其要求撰写者要具备论文撰写能力、信息搜集及分析能力、书面语言表达能力等，通过规范的格式、严谨的论证呈现课题研究的成果。结题鉴定会分为会议鉴定、通信鉴定、现场鉴定等（如下面关于石龙三中结题鉴定会的报道①）。此外，课题成果的推广十分重要，这既是为其他学校提供有效、可借鉴的经验，又是学校推广自身品牌的良好时机。

2019 年 4 月 29 日，"智慧教育区域公共服务资源的建设与应用实践研究""基于网络平台的核心循环翻转课堂教学模式的实践研究"联合结题鉴定会于石龙三中报告厅开展。

杨森林书记在"智慧教育区域公共服务资源的建设与应用实践研究"的结题报告中，围绕着课题"为什么做、做什么、怎样做、成效如何"四个方面做报告（见图 3-4）。在教育部强调"十三五"教育信息化的背景下，石龙镇积极探索慕课教育，不断创新教学模式、育人模式，提高学生核心素养，在硬件配置、软件资源、课堂模式、教师专业发展、学生成长五大方面取得了成效，体现品牌学校、融合创新、领导肯定、媒体报道四大亮点。

图 3-4 杨森林书记做报告

---

① 该报道由东莞市石龙三中吴俐姗撰写。

奉婷副主任从课题选题、核心概念、研究过程、研究成果、困惑方向五个方面做"基于网络平台的核心循环翻转课堂教学模式的实践研究"的结题报告。她表示建立有效的核心循环翻转课堂是一件艰难的事情，经过三年时间的积极探索和实践，总结出了翻转课堂的五要素、五标志、评价标准等成果。

接着，东莞市教育信息中心·教育信息化专家金煜良为两大课题做结题鉴定，宣布两大课题通过答辩。金煜良对石龙镇教学研究中的科研氛围表示了充分的肯定，并对两个课题分别提出了建议，为课题的深入研究提供了方向。

石碣镇教育办教研室主任刘文英做专家点评，认为两大课题的研究过程非常扎实，课题研究过程中有"专家、领导、名师、一线教师、企业"的五结合，理论研究中有"学科专家、信息技术专家、企业"的三结合，这两大结合给课题研究带来了巨大的能量。同时，两大课题研究具有影响面大、辐射面广的特点。石龙镇宣教文体局局长段平凡认为翻转课堂打破了传统课堂，回到了教育的基本原理。

（二）课题研究的管理

在课题研究的全过程中，必不可缺的就是管理，这是课题研究的保障。只有科学化、规范化、秩序化、制度化的管理，才能确保课题研究顺利进行，进而提高教育科研的水平和质量。

首先，有组织，有架构。一个课题在准备阶段，要建立课题组，健全课题研究组织结构，包括明确课题领导小组和课题实施小组的成员。要综合考虑研究人员的人数、年龄结构、职称结构、综合能力以及主持人的能力等。同时，要明确课题负责人和组员的职责，根据课题做好研究内容任务分工，包括课题经费筹集、课题研究方案制订、课题活动安排、课题档案管理等方面，方便后续课题有序开展，以避免出现管理混乱、有问题时相互推诿的情况。

其次，有方案，有规划。课题实施时要提交课题研究方案，建立专家顾问委员会，制订课题实施计划。课题研究方案是课题确定之后，研究人员在正式开展研究之前制订的整个课题研究的工作计划，它初步规定了课题研究各方面的具体内容和步骤，是研究人员为了完成研究任务而进行的总体谋划。课题研究方案可以保证课题研究具有明确的方向和目标，保证课题研究步骤有序化，有利于课题论证、评价与管理。

最后，有制度，有规范。制度化、规范化的课题管理是课题研究顺利进行的保证。课题研究前，可以制定课题研究相关制度，如课题研究专项研讨制度、课题研究组教师示范制度、课题研究工作学期小结制度、课题定期检查制度、课题成果交流汇报制度、课题材料档案袋制度及课题研究奖励制度等，以全面形成科学、民主、开放、协调的课题研究机制，规范课题的研究管理工作。

例如，牡丹江市第四中学启动科研工作时，制订了《牡丹江市第四中学跨世纪科研规划》，确立了学校教育科研的指导思想，以"五化"——教育科研群体化、课题管理规范化、教学科研一体化、科研信息网络化、评审奖励制度化，促使科研工作健康发展。[①] 又如，为鼓励全校教职工积极参加教育科研，鼓励教师参加课题研究，参加省、市的论文评比等活动，进一步加强学校内部的教育科研活动，石龙三中制订了《教育科研奖励方案》。该方案将教职工参加校或校以上教育部门组织的论文、科研、公开课、优质课等评比活动列入奖励范围，分为教育科研成果奖、教育科研立项奖、教育教学或管理论文（总结）奖、教育教学或管理论文发表奖、教学技能竞赛或优质课评比奖、公开课奖等，每个奖项按照国家级、省级、市级、校级进行奖励，做到奖励结构层次分明。在《教育科研奖励方案》的推动下，2018—2021 年，石龙三中教师的论文、案例、课件、立项、成果、专著等共计 211 项获奖。其中 2021 年有 87 项，包含国家级 6 项、省级 37 项、市级 37 项。

课题研究带动着学校品牌的创新发展。一些学校在进行课题研究的过程中，推动自己成为相关课题的实践学校。比如，广州市白云艺术中学在创建艺术特色时，以课题"艺术特色教育在薄弱高中的德育实效性研究"为主干，开展多个相关子课题研究，为该校成功创建艺术特色学校添砖加瓦。[②] 石龙三中申报的课题"初中生财经素养教育主题活动设计研究"获批为广东省财经素养教育实践研究课题，同时学校被认定为"广东省财经素养教育实践研究课题学校"；成功申报了"品质课堂"专项课题，学校获评东莞市首批中小学（幼儿园）"品质课

① 刘江梅. 科研育名师　科研创名校：牡丹江市第四中学教育科研阶段性总结［J］. 教育探索，2001（2）：39 - 43.
② 曾丽芬. 桃李成蹊径："以美育人"的艺术特色教育探索与实践［M］. 广州：广州出版社，2021.

堂"实验学校。可见，课题研究和学校的创新发展密不可分，它既是教师发展的需要，也是学校发展的需要，更是教育发展的需要。学校通过课题研究来转变教师的教育教学观念，提高教师的专业化水平，进而推进学校教育教学改革，是学校发展的一条有效途径。

二、科研活动

校本教研就是要立足于学校，以教师为研究主体，以师生共同发展为宗旨，是在学校特定教育资源、教育对象、教育环境、教育目标下采取的教育研究活动。学校从实际出发，以实际教育问题为研究对象，以教师研究为主题，以教育行动研究为主要研究方法，结合实践，不断创新，将教育科研真正落到实处，使得学校和教师都实现更好发展，真正实现教育科研对学校内涵发展的助推作用。

（一）建立科研网络，健全研究机制

学校教育科研不是一个孤立的实验，而是与教育教学、学生、家长等多方面联系的"神经中枢"。因此，学校要构建严密、科学的体系，健全相关机制，形成科研网络。科研网络可以是学科教研网络，也可以是校内外联动网络。

其中，教研平台作为校内科研网络的一环，决定着学校教育教学工作的创新能力和变革节奏。不同资历的教师，面对不同的教育情境、学生成长过程中的各种困难、每一节课里存在的学习难点，都可以通过教研平台，从实践经验中提炼出大量可供借鉴的智慧。比如，在"如何利用黑板"的问题上，通过教研平台，组织集体力量对各教师的实践经验进行汇总、梳理、提炼，形成规范的工作指南：第一，检查板书字号大小，确保坐在最后一排的学生能看得清楚；第二，利用黑板上半部分，以防坐在后面的学生被前排的学生挡住视线；第三，列出上课计划，将要讨论的问题写在黑板上；第四，背对着学生，在黑板上写字时，不要再讲课；第五，让学生有机会在黑板上写字；第六，慎用黑板擦。这些经验在许多有经验的教师脑海中或多或少都有一些，但既不全面，也不清晰。通过教研平台，能让教师清晰、全面地了解问题，更好地为课堂教学服务。

（二）营造科研氛围，提升科研水平

科研水平的高低是衡量一所学校综合实力的重要标准，良好的科研氛围对提升教师的科研积极性、强化教师的科研意识具有重要的意义，是促进学校科研发

展的重要保证。营造良好的科研氛围，可以从科研人员的科研观念、学校的学术风气、科研设备、科研经费和科研信息等方面出发，通过各类科研活动帮助教师提升科研水平。

第一，研修活动。课程改革的逐渐深入对教师专业发展提出了越来越高的要求，而研修活动是教师获取知识、提升专业水平的有效途径。教师要坚持主动研究和发展，既育人又"育己"，不断提升自身水平；学校要积极组织开展教师研修活动，使教师相互借鉴、交流、促进，推动教师专业水平的提高，进而提高学校的教学质量。例如，石龙三中以构建"以学生为中心，基于翻转课堂的深度学习"的品质课堂为契机，多次举行"三维课堂"建设校本研修培训会，开展基于翻转课堂的深度学习通识培训，提升教师对"三维课堂"的认知，帮助教师强化科学研究的意识。以 2020 年 9 月为例，基于翻转课堂的深度学习通识培训内容包括七大模块，见表 3 - 2。

表 3 - 2 培训内容

序号	应用模块	培训内容
1	软件下载及安装	PC 端"教学助手"安装
		手机端"人人通空间"安装
2	教材资源	如何添加教材
		平台内资源如何使用
		个人资源如何使用
		校本资源如何查找
3	课前导学	如何创建导学并发送给学生
		如何批阅导学
		共享导学至本校范围
4	同步备课	教材课本资源如何使用
		互动试题的制作
		教学模板的应用

（续上表）

序号	应用模块	培训内容
5	智能检测	如何利用平台内资源进行组卷
		老师个人试卷上传及组卷
		检测发布与批阅
6	互动课堂	在课中调取个人已上传的资源
		如何在课中调取导学及检测的数据
		板书推送
		答题功能发起
		作品功能发起
		抢答功能发起
		如何调取智能检测题库试题进行测试
		如何开启屏幕广播
7	人人通空间	如何接入"人人通空间"
		使用随堂拍照功能
		随堂直播功能的使用
		使用手机投屏功能并进行屏幕广播

第二，主题讲座。讲座是教师获取教育教学经验的又一重要形式。一般来说，讲座的名师和专家都是学术界专业人士，他们的学识、眼光、经验等有很多值得学习的地方。名师、专家等的讲座可以激励人的求知欲，在讲座中，教师可以获得触类旁通的灵感，可以和专家同步思考，参考专家的思维方式并应用到自己的教育教学中，重新构建体系。因此，学校应积极邀请教育教学专家到校开展主题讲座，为教师专业水平和学校整体科研水平的提高提供机会与可能。

例如，2020 年 12 月，石龙三中邀请华南师范大学信息技术提升工程 2.0 省级试点校专家组主任容梅做了《教师信息技术应用能力（微能力）发展测评规范》讲座，详细解读了中小学教师信息技术应用能力的 30 项微能力，让学校对提升工程 2.0 的研训任务有了更清晰的认识。2021 年 2 月，石龙三中校长杨森林做了题为"三维课堂的内容与实施路径"的专题讲座，讲座结合"学习金字塔"

理论深入浅出地分析从小组合作到翻转课堂如何实现深度学习,以项目式学习、单元学习、课题学习为基础,从而达到课堂的核心目标,提高学生的核心素养、核心能力。

第三,公开课。公开课是教育科研的一种形式,具有存在和发展的价值。它主题鲜明、任务明确,听课的不仅有学生,还有领导及其他教师,是教师展示教学水平、交流教学经验的好方式。公开课以有原则、讲方法的教学评论做引导,可以为教师的专业成长提供坚实的台阶。在公开课中,教师可以学习优点,发现问题,共同提高。例如,石龙三中在进行翻转课堂研究过程中,在各学科多次开展翻转课堂公开课,教师通过公开课反思翻转课堂出现的问题,优化教学设计,研究翻转课堂的更多可能性,为学校相关课题研究提供了真实情境和数据。

除开展以上各类科研活动以外,学校还要对积极参与科研的教师团队进行鼓励与肯定,发挥榜样的作用,并建立合理的竞争机制,激发教师参与科研的兴趣。

(三)开展科研合作,紧抓创新机遇

第一,积极与政府合作,把握发展时机。政府相关的政策法规是科研顺利进行的保障,政府的支持能够给予科研人员极大的信心,并调动他们的科研积极性。因此,学校要学会把握政府在科研方面的动向,借助政府的力量促进本校科研水平的提升。例如,为推动心理科研成果与教育的深度融合与应用落地,中科院心理所与东莞教育局共同启动"阳光少年心启程"行动计划。该行动计划旨在让中科院心理健康服务平台运营中心与东莞共同实现三个探索:探索一套主动式、预防式的心理安全防护体系,探索一种积极心理品质的教育模式,探索一条符合东莞学校特点的心理特色发展之路,逐步打造具有实效意义的学生心理安全防护体系。石龙三中把握机遇,获评首批合作试点学校,借助"一校一案"的试点方案不断推进青少年心理健康建设与研究工作,提升育人实效。

第二,走对外交流路径,扩大科研视角。学校加强与外界的合作交流,能为教师提供更多相互学习、相互探讨、共同提高的机会,让教师了解科研新动向,加强科研意识,是学校推动教师转变观念、更新教育理念、提高教研水平的有效方式。一方面,要与兄弟学校进行切磋交流。例如,石龙三中作为东莞市"莞式慕课"建设首批试点学校,以课题驱动开展核心循环教学法的翻转课堂教学模式

取得了一定的成果。为深化科研研究与教育教学改革，学校不断开展与省内兄弟学校的交流活动，推广经验，如与中山市纪中雅居乐凯茵学校、佛山市禅城区南庄镇第三中学开展"建构高品质智慧教育课堂研讨会"，现场进行说课切磋。另一方面，与专家或专业机构进行交流，听取专业意见。如2020年12月，华南师范大学信息技术提升工程2.0省级试点校专家组莅临石龙三中开展指导和调研工作，为学校的提升工程2.0信息化教育教学发展规划、校本研修以及师生信息技术应用能力提升等工作进一步明确了发展方向和任务目标。

教育科研与学校的教育教学改革和发展有着密切的联系，是促进教师专业化发展的有效途径，也是学校持久发展的不竭动力。一个学校品牌想要发展，就必须重视和发展教育科研。在学校研究过程中，教育科研网络和制度的建立健全、教育科研氛围的活跃、对外教育科研合作交流的开展等，都是教育科研工作稳步前进的有效方式，需要学校根据自身实际情况具体实施。

教育信息化赋能　打造教师专业成长新样态

——基于三维课堂的"一核五环"校本研修模式的研究与实践

校本研修一般是指以学校为单位、面向教师的学习方式，是"基于学校，为了学校，发展学校"的研修。校本研修的内容以学校的品牌内涵发展需求和教研教学指导方向为中心，其目的是提高教师的业务水平和教育教学能力，建设高质量教师队伍，提高教育教学质量。

东莞市石龙第三中学扎扎实实、深入系统地推进校本研修，针对学校发展的重点、难点，通过实施"互联网＋教育"战略，以信息技术应用能力提升工程2.0为契机，大力推进学校品牌建设和教师专业成长。

石龙第三中学创办于1977年，至今已有44年历史，是一所公办初级中学，也是一所走读制学校，现有42个教学班、2 000多名学生、176位教职员工。曾经的石龙第三中学，社会声誉差、教学质量差、生源素质差、办学条件差，是一所"四差学校"，而现在是校园环境好、教学质量好、学生发展好、名师建设好、教育科研好、社会口碑好的"六好学校"。从"四差"走向"六好"，从薄弱走向品牌，从优质走向领航，石龙第三中学的跨越式发展之路，追本溯源，就是立足学生素质发展，深度贯彻新课改理念，大力推进教学改革，借力教育信息化，创新教学模式。

石龙第三中学是东莞市首批品牌学校，也是东莞市首批慕课试点学校、广东省信息化中心学校。2021年学校被评为广东省中小学教师校本研修示范学校。学校着力发展教育信息化，以学生为中心，全面推进基于翻转课堂的深度学习的"三维课堂"，打造智慧教学环境下的品质课堂。2020年8月，学校获评广东省中小学教师信息技术应用能力提升工程2.0试点校，其建设目标之一就是：探索能力提升工程2.0"基于课堂、重在创新"的信息技术应用校本研修与考核新模式。

那么，如何在教育信息化2.0的背景下，创新和开展信息技术应用校本研修呢？石龙第三中学在信息技术应用能力提升工程2.0试点校建设过程中，以学生为中心，全面推进基于翻转课堂的深度学习的"三维课堂"，开展"一案三训五评"教师能力提升的整校推进"135工程"，构建教师信息技术应用能力提升的"一核五环"校本研修模式，解决教师信息技术应用能力发展不均衡的问题，从而实现一校一案、整校推进、全员参与的省级试点校建设目标。

一、问题与挑战：教育信息化2.0实现课堂创新

学校在推进教育信息化2.0的发展过程中，遇到了以下问题和挑战：

（1）教师的信息技术水平参差不齐，特别是年纪较大的教师，其信息技术应用能力较弱，在教育信息化2.0的大背景下，如何整体提升教师的信息技术应用能力。

（2）传统课堂"满堂灌"的方式导致教学效率低下，如何充分发挥学校教育信息化优势，推动教师教学思维创新和教学模式改革。

（3）如何用好教育信息化2.0实现课堂创新，从"以教师为中心"转变为"以学生为中心"，提升学生核心素养，实现学生个性化学习和个性化发展。

（4）如何促使教师信息技术应用能力提升工程从试点班、试点教研组的模式走向整校推进、全员参与的实践。

（5）如何利用信息技术，结合大数据分析、人工智能等，更好地开展国家义务教育质量监测，落实立德树人的目标。

二、思路与对策：首创"三维课堂"，"135工程"构建校本研修新模式

为了解决以上问题，更好地实现广东省中小学教师信息技术应用能力提升工程2.0试点校"一校一案、整校推进、全员参与"的建设目标，探索以学生为中心的课堂信息技术应用校本研修与考核新模式，石龙第三中学以校本教学模式

"三维课堂"为抓手，开展以学生为中心、提升学生核心素养的课堂实践，推动信息技术与学科教学深度融合，提升教师信息素养，探索信息技术支持下的多元评价和考核方式，开展"一案三训五评"教师能力提升的整校推进"135工程"，构建教师信息技术应用能力提升的"一核五环"校本研修模式。

具体思路如下：

（一）基于"三维课堂"，探索"一核五环"校本研修模式

"三维课堂"是石龙第三中学校本教学模式。由"自学、助学、悟学"三个维度组成。课堂目标是实现高效课堂，构建"以学生为中心，基于翻转课堂的深度学习"的品质课堂。

基于"三维课堂"的"一核五环"校本研修模式，就是以"以学生为中心"为核心目标，通过重塑智慧教育理念，进行课堂重构，构建校本"三维课堂"教学模式，开展深度学习，重建学科与技术融合的校本课程，并以此提升全体教师的信息技术应用能力，达成教师教育能力校本研修整校推进的目的，以课堂促进研修，以实践检验研修，以评价验证研修，充分发挥学科育人功能，提升学生核心素养。

1. 理念重塑引领研修

从以教师为中心，转变为以学生为中心；从以知识讲授为中心，转变为以发展思维能力为中心；从以训练技能技巧为中心，转变为以提升学生核心素养为中心，从而达到立德树人的目标。

2. 模式重构促进研修

构建以深度学习为核心的"三维课堂"模式，通过翻转课堂、小组学习等手段推动学科与信息技术的融合创新，从而实现教师信息技术能力提升校本研修的整校推进。

3. 方式重建落实研修

通过课程培训分享、集体备课、专家引领等方式，打通课堂教与学信息化应用的最后一公里，促进教学方式的改变，最终汇聚于学生的学，从而落实校本研修的能力提升成效。

（二）基于能力提升工程2.0，推进校本研修路径

石龙第三中学依托能力提升工程2.0，实施校本研修推进的路径与策略如下图所示：

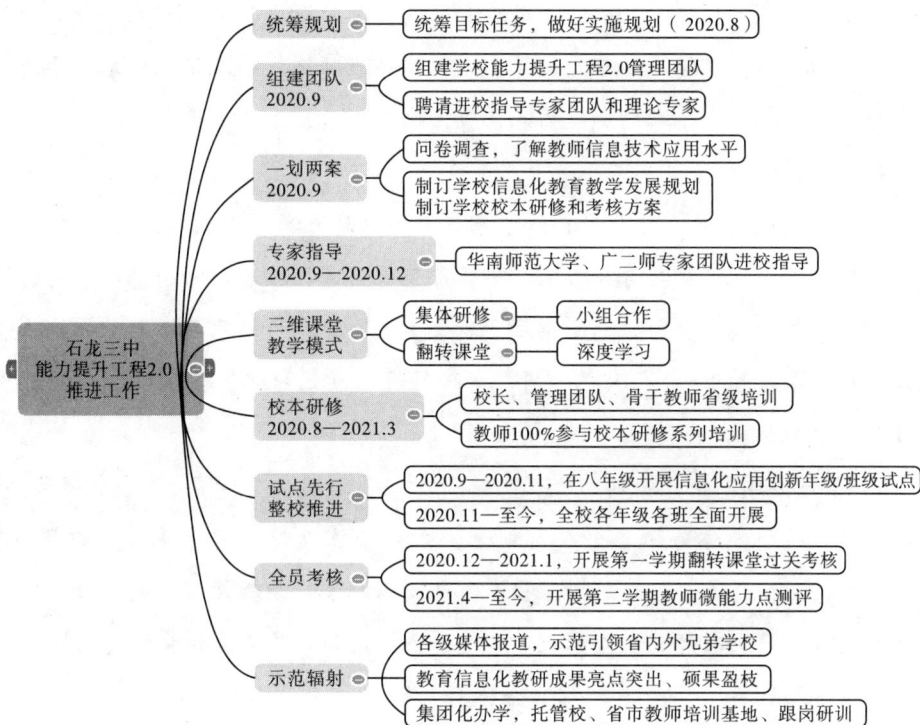

图 3-5 能力提升工程 2.0 推进工作

（三）基于整校推进"135 工程"，落实校本研修措施

通过开展"一案三训五评"教师能力提升整校推进"135 工程"，具体落实教师教育能力提升的"一核五环"校本研修模式。

1. 统筹规划，明确方向

2020 年 8 月，学校获评广东省中小学教师信息技术应用能力提升工程 2.0 试点校后，就组织办公室、教务处对试点校建设工作进行统筹规划，立足于提升教师信息技术应用水平、创新课堂模式。

2. 组建团队，制订方案

2020 年 9 月，组建以校长为组长的学校能力提升工程 2.0 管理团队，全面组织和管理学校的信息化工作。在省级进校指导专家团队和理论专家的指导下，制定和完善"一划两案"。

3．专家指引，科学实施

2020 年 9 月—2020 年 12 月，邀请专家进校做专题讲座和工作指导，并通过问卷调查、校本信息技术通识培训等方式，指导教师制订个人信息技术应用能力提升计划，选择适合个人的微能力点，确定个人信息技术能力提升的方向。

4．研训并举，全员参与

2020 年 8 月—2021 年 5 月，基于学校教师信息技术应用能力提升计划目标，制订校本研修系列培训与考核方案，建立常态化信息化校本研修新机制，进行精准研修，以点带面，整校推进。先后开展了十余次校本研修系列活动，并派出管理团队和骨干教师 60 余人次参加省、市级教育信息化培训，实现了专任教师百分百的全员参与。

5．集体备课，全校研训

通过教研组集体备课、全校研训等方式，每位教师都需开展"三维课堂"的研究和实践，并备好相应的微课程资源包，以此来推动教师应用微能力点精准教学的培训，鼓励教师创设智慧教学环境，灵活运用微能力点开展信息化教学。

2020—2021 年，每个学期都对全体教师进行信息化教学的考核。其中，第一学期开展翻转课堂过关考核；第二学期开展教师微能力点测评。

6．课题带动，科研引领

2020 年 11 月，学校申报并立项了广东省能力提升工程 2.0 专项课题，以课题为引领，推动课堂创新。专任教师共有省、市级信息化课题立项 16 项，论文获奖或刊载 13 篇，获省级智慧教育典型应用案例奖励 3 项。

三、成效与经验："一核五环"校本研修硕果盈枝

通过构建和推进教师能力提升"一核五环"校本研修模式，取得了以下实践成效。

（一）名师团队建设效果显著

学校通过翻转课堂、小组学习等手段推动学科与信息技术的融合创新，构建以深度学习为核心的"三维课堂"模式，提升课堂教学质量。全校教师在"三维课堂"实验探索中，开展智慧教育学习环境下微能力点认证，网络研修和校本研修通过率均为 100%，教师信息技术应用能力和专业发展能力显著提升。2 人入选省能力提升工程 2.0 培训专家库。2020 年至今，共有 18 名教师获各级名师称号，其中，获评省百千万初中名校长培育对象 1 人、南粤优秀教师 1 人、省信

息技术学科带头人1人、市教学能手10人、镇名师工作室主持人2人、镇学科带头人7人。

（二）教师教育教研成果显著

1. 智慧课堂模式创新

学校围绕广东省能力提升工程2.0专项课题"智能学习环境下基于翻转课堂的D-Learning教学模式实践研究"，打破传统教学模式，整校推进小组合作和深度学习。构建了以学生为中心，翻转课堂的深度学习的"三维课堂"教学模式。

2. 教育教学成效突出

学校教师撰写的教育信息化论文，有23篇被中国知网收录、刊载以及获省、市各级奖励。此外，多个案例获评省能力提升工程2.0教学创新典型案例，在市翻转课堂、微课制作大赛中获奖50多项。教学效果良好，获评东莞市中学教学质量综合评价优秀单位。

（三）学校办学品牌特色凸显

2020年至今，学校先后被评为广东省中小学教师信息技术应用能力提升工程2.0试点校、广东省创新实践共同体牵头单位、广东省中小学教师校本研修示范校、广东省科技创新教育实验校、东莞市品牌学校等。

（四）学校品牌示范引领深远

学校充分利用品牌学校的辐射效应、石龙第三中学教育集团的区域优势，实行校际互动，集团推进，积极发挥"三维课堂"的示范、引领、辐射作用，尝试实施多模态信息化教育并行，推进校本研修工作示范辐射。学校通过集团化办学、托管帮扶、共同体项目、结对交流等形式示范引领20余所学校开展教育信息化建设。《光明日报》、南方+、广东印记、《东莞日报》、腾讯新闻等媒体纷纷聚焦石龙第三中学，向全省推广学校的校本研修经验。

（1）2020年9月至今，省内外交流团队到校观摩和交流教育信息化工作累计20余批次。学校通过集团化办学、托管帮扶、共同体项目、结对交流等形式示范引领20余所学校开展教育信息化建设。

（2）学校能力提升工程2.0管理团队先后在省、市、镇做专题讲座30余次，省、市级媒体专访10余次，并先后承担了省、市各地的2.0管理团队和骨干教师的跟岗研训、"一划两案"进校指导等工作任务20余批次。

（3）2020年11月和2021年4月，先后承担粤藏两地信息化交流活动，与西藏林芝八一中学开展英语和数学优质课在线课堂。

四、创新与愿景：校本研修创新了教师专业发展方式

通过教师信息技术能力提升"一核五环"校本研修模式，创新了教师专业发展方式。

（一）创新课堂教学模式，引领教师教学理念更新

学校在原有"核心循环教学法的翻转课堂"的基础上，进行课堂教学模式创新，围绕"自学、助学、悟学"三个维度，整校推进深度学习。构建了以学生为中心，基于翻转课堂的深度学习的"三维课堂"教学模式，并立项了广东省能力提升工程2.0专项课题。

（二）创新校本研修模式，推动教师教学融合创新

分专题、分学科开展常态化的精准校本研修，以学生为中心，充分发挥学科育人功能，推动信息技术与学科教学深度融合。

（三）创新校本考核模式，促进教师应用能力提升

校本研修考核方案主要是考察教师的个人能力提升计划和选择的微能力点。学校从以下两个维度来进行教师信息技术应用能力的校本考核及验收。

1. 教师信息技术应用能力提升

主要以课程资源包的形式呈现教师运用技术，对授课信息的搜集、整理、分析和处理的能力。课程资源包一般需包含：课前导学案二维码、微视频、课前小测、微课件、三维课堂学案、课后小测等数字化资源。

第4课时：19.1.4 画函数图象（二维码）.png
第4课时：19.1.4 画函数图象（课后小测）.docx
第4课时：19.1.4 画函数图象（课件）.pptx
第4课时：19.1.4 画函数图象（课前小测）.docx
第4课时：19.1.4 画函数图象（三维课堂学案）.docx
第4课时：19.1.4 画函数图象（视频）.mp4

图3-6　"三维课堂"数字课程资源包

2. 课堂教学微能力点应用能力提升

第一学期的"三维课堂"汇报课主要考查教师对"三维课堂"各环节的掌握程度；第二学期主要考查教师所选的微能力点在"三维课堂"教学中的灵活应用情况，可在教学设计中进行展现。

致广大而尽精微，创新求进勇毅行。教育部印发的《教育信息化2.0行动计划》提出，要以教育信息化支撑引领教育现代化，每个人都要成为教育信息化2.0的参与者、实践者、推动者和创造者。石龙第三中学在广东省中小学教师信息技术应用能力提升工程2.0试点校的建设过程中，结合学校教师信息技术应用能力实际，设计和实施多种类型的校本研修系列活动，建立了全员参与的常态化信息化校本研修新机制和校本考核新模式，推进信息技术与教育教学融合创新发展。

第二节 教师专业化，建设学校品牌的保障

教师的潜能不仅是丰厚的教育教学资源，更是学校特色发展的资本。学校育人目标主要通过教师来实现，要形成学校特色，必须有一支与之相适应的素质优良的教师队伍。教师是打造教育品牌的主力军，学校的办学思想、创新理念、培养目标都需要通过教师组织的教育教学活动才能得以实现。师德高尚、业务精湛、结构合理的优秀教师队伍，其雄厚的师资力量为学校的可持续发展提供了保证。

教师工作连接着过去、现在和未来，有什么样的教师就有什么样的学生，要使学生学有所长，教师必须做到教有所长。例如，乌鲁木齐市第五小学是全国闻名的足球特色学校，曾蝉联全国足球冠军，并在国际青少年足球比赛上屡获佳绩，被评为"全国青少年校园足球布局学校""自治区足球示范学校"。该校坚持"以教研促发展、以创新铸特色、以特色创名校"的办学理念，牢抓足球项目，通过一批具有特色的教师开展足球教学，如体育教师、足球教练、足球指导员、体育学院足球专业人员等。可见，一所学校的特色往往在于教师的群体特长，他们教育教学经验的积累与升华是创办特色学校的财富。而一所品牌学校，往往在教师专业化上投入许多资源。

一、实施教师人才培养工程

学校的中心工作是教学，教学质量的关键在于教师，只有一流的教师队伍才能打造一流的学校。因此，建设一支高素质的教师队伍是教育发展的客观要求。而提高教师队伍的专业素质，少不了教师真实的体验、实践，需要学校组织开展多样化的教育教学研究培训活动，提升教师的专业化水平。

以石龙三中为例，学校秉承幸福教育理念，通过"强师工程""培青工程""名师论坛"三大板块，致力于建设一支有着高度幸福感的教师队伍，让教师在教育科研中成长，在幸福中发展事业，引领教师走上幸福科研之路。

（一）强师工程

强师工程是一项优化教师队伍结构、壮大高水平教师队伍的提升学校师资的工程，其聚焦立德树人、骨干培养，贯彻《关于全面深化新时代教师队伍建设改革的意见》的文件精神。广东省在实施强师工程时，探索出以"能力提升为导向、实践变革为重点、共同发展为目标"的新时代教师培训新模式。石龙三中依托广东教育相关政策优势，积极加入强师工程的队伍。

首先，努力培养、扩大名师数量，将名师作为骨干培养的重点。通过"三个一"活动（争上一节市级以上名课、发表一篇市级以上名文、争做一名市级以上名师），力促优秀教师、骨干教师脱颖而出，不断壮大学校的名师队伍。目前，石龙三中拥有市学科带头人 13 名、市教学能手 39 名、镇学科带头人 18 名。未来争取用 3 年左右的时间，培养 2～3 名省、市级名教师，30 名左右市级学科带头人、教学能手等。其次，加强与省内骨干教师队伍的交流。学校近几年积极承接了广东省强师工程教师团队到校研修学习的任务，如 2019 年广东省强师工程中小学骨干教师跨学科融合教学能力提升专项研修班的跟岗学习、2021 年广东省新强师工程信息技术应用能力培训者团队专项研修班的观摩学习等，既推广了学校幸福教育的教育科研经验，又促进了学校教师的对外沟通。

（二）培青工程

培青工程是一项培养青年教师专业成长的工程，旨在把富有教学经验的骨干教师、优秀教师与有专业发展需求的青年教师结成帮扶队伍，由老教师对新教师进行日常教学的"传、帮、带"，实现资源共享、专业提升。

石龙三中大力开展"一带一，师帮徒"的"青蓝结对"工程，建立终身发展的专业规划，搭建青年教师发展平台，投入合理资金促进青年教师专业发展。以一学年为一个阶段，逐段考核，引导青年教师逐级而上，不断进取，尽快成才。结合国家、省、市有关政策，促进青年教师成为各级骨干教师、教学能手、学科带头人、名师名班主任工作室主持人、名教师培养对象、教育家培养对象，力争培养出当代教育实践家和教育理论家。最终建设一支素质精良、业务过硬、作风扎实、结构合理的高质量教师队伍，以实现学校教育教学质量的可持续发展。

石龙三中"青蓝结对"工程实施方案

为了充分发挥学科带头人、骨干教师的示范作用，进一步加大对青年教师的培养力度，帮助青年教师不断提高教育教学水平和科研能力，促使更多的青年教师成为学校教育教学的骨干力量；同时，通过同伴互助，实现学科带头人、骨干教师自身的不断提高，整体优化学校的教师队伍建设，打造一支结构层次化、实践专业化、发展可持续化的教师队伍，特制订"青蓝结对"工程实施方案。

【目的意义】

1. 青年教师是学校的未来和希望，青年教师的思想、政治、业务素质将决定学校的发展前途和命运。为了顺利实现学校未来的发展规划，我们要切实抓好"青蓝结对"工程的落实，加大培养、培训青年教师的力度。

2. 把对青年教师的培养作为学校工作的重点，寄托着学校对青年教师"青出于蓝而胜于蓝"的殷切期待。

3. "青蓝结对"工程以一学年为一个阶段，力争达到一年合格、两年称职、三年成才的目标，逐段考核，引导青年教师逐级而上，不断进取，尽快成才。最终建设一支政治可靠、素质精良、业务过硬、作风扎实、纪律严明、结构合理、相对稳定的高质量教师队伍，以实现学校教育教学质量的可持续发展。

【组织机构】

成立学校"青蓝结对"工程领导小组，负责对"青蓝结对"工程实施的督导与考核（组长、组员略）。

【实施方法】

1. 结对对象：新录用的教师（入职三年内或代课年限的前两年）与教学经验丰富的教师进行结对。学科带头人、骨干教师要积极承担指导教师的职责。

2. 指导内容：指导教师通过听课、评课等途径，关心结对教师的师德、学习、工作等情况，了解、研究、分析结对教师的教学特长和不足，推荐、指导他们阅读有关的教育理论书籍及教学参考书，有针对性地指导他们开展教育教学实践、教育教学研究，上好常态课和公开课，写好一篇教学论文（"三个一"工程——能上好一节公开课、写出一篇好论文、精读一本好书），帮助他们尽快成为师德好、教学能力强、有现代教育理念和观念、有改革和创新意识的优秀青年教师。

3. 指导要求：指导教师要认真履行指导职责，把它当作一项光荣的分内职责；结对教师要主动与指导教师联系，虚心接受指导教师的指导。

【指导教师（蓝方）职责】

1. 关心结对教师的师德、教育教学、业务学习等情况，力达"三个一"工程的要求。

2. 每学期初指导结对教师制订学期"青蓝结对"教学计划，指导结对教师备课5次以上。

3. 有计划地对结对教师进行听课、评课指导，每学期听结对教师的课不少于5次，课后及时评析，共同研究改进教法的措施，并记录指导情况；每学期指导结对教师上公开课1节。在听课、评课中了解、研究、分析结对教师的教学特长和不足，要毫无保留地对结对教师进行指导，提高他们的教材分析与教学能力，并帮助他们逐步形成自己的教学特色。

4. 每学期至少为结对教师上1节示范课，并结合当前教育改革动态及结对教师任教学科的情况，推荐、指导结对教师阅读有关的教育理论书籍及教学参考书。

5. 积极支持结对教师参加学校组织的各项业务竞赛和交流活动，并做好必要的指导。

6. 指导结对教师开展教育教学实验和研究，指导他们每学年至少要写出1篇有较高质量的教育教学论文或者1篇完整的教学设计。

7. 每学期结束，写出指导小结，包括听课情况、指导效果、存在的问题等，并交学校教务处。

【结对教师（青方）职责】

1. 认真贯彻师德规范，自觉执行师德标准，教书育人，为人师表。

2. 认真钻研教育教学理论，认真执行教学常规，主动争取指导老师的帮助，有疑必问。虚心向指导教师请教、诚恳学习，从备课、上课、作业批改、讲评到编写试卷、撰写论文、制作课件等方面进行深入、细致的学习，以此尽快完善自己的师德修养，提升自己的教学技能。要求每星期主动向指导教师请教备课以及教学的具体安排。

3. 每学期至少听25节课。其中一半为指导教师的课，一半为其他老师的课。提倡多听课，做到取一家之本，采众家之长，创自己风格；积极参加教研活动和集体备课活动，积极参加学校的各项竞赛和研讨活动，乐于和指导教师交流、研讨，尽快学会与他人合作。

4. 每学期认真研读1本教育理论专著，积极阅读教育理论书籍和教学参考书，形成扎实的教育理论基础知识，并认真做好读书笔记。

5. 每一学年在指导教师的指导下，至少要独立完成1篇教学论文或者1篇完整的教学活动设计。

6. 学期结束时做好1份工作、学习的汇报总结。

7. 结对教师如果在参加市级评优课中获得二等奖以上，可以提前退出。

【"青蓝结对"奖惩制度】

1. "青蓝结对"工程的年限原则上为一年，经"青蓝结对"工程领导小组考核合格后方可结业，否则延长结对期。

2. 指导教师、结对教师如果在结对活动中敷衍失职，达不到职责要求，将在年度考核中扣除教学资金20%。如果结对教师取得成绩，指导教师也享有同等荣誉与奖励（年表教师教学奖金的20%）。

3. 学校在每学期结束时评选出一对成绩突出的"青蓝结对标兵"进行奖励。

【管理与考核】

1. 强化目标管理、签订师徒结对协议（协议另订）。

2. 一听——听徒弟的汇报课，二查——查师徒结对的各种资料、记录等，三评——同学科评、同年级评。

石龙三中的培青工程不限于本校，还惠及托管学校——石排东翔学校，形成了"青蓝在线，协同教研"的带教模式。考虑到两所学校的地理位置，石龙三中还利用东莞"慧教育"网络学习空间的"教师协作社群"平台实施"青蓝在线"项目，选派市级名师工作室主持人、学科带头人等名师组成带教团队，与托管学校开展网络协同备课，切实提升两所学校的教育教学质量。此外，培青工程还包括对新教师的培养，如"破冰"团队活动、校本研培训活动等，引导新教师尽快熟悉学校课堂教学模式，掌握教师岗位职责。

（三）名师论坛

名师是师德高尚、业务精良、学识广博的带头人，他们具有丰富的教学经验和先进的教学理念。开设名师论坛可以发挥名师的示范、引领和带动作用，激励广大教师向名师看齐，从而有效地促进教师队伍的整体提高。在名师论坛中，名师和普通教师对教育教学中所获的经验与遇到的问题进行分享交流，互通有无，共同探索学校教育教学发展的有效策略和方法，营造团队研究氛围，提升教师专业化水平。为了进一步加强学校名师队伍建设，吸引更多的名师为学校发展建言献策，学校可以定期举办名师论坛，将名师论坛视为促进学校发展的重要推力。

二、发展教师学习共同体

教师学习共同体是那些对教学职业有更高追求的教师个体自觉结合形成的学习、交往与发展的合作群体，是教师为了增强自身教学实践能力而自愿结成的相互学习、共谋发展的专业学习与教学改进的组织形式及实践过程，具有实践性、研究性、专业性、合作性、开放性。[①] 教师学习共同体的主要形式有个体实践、现场集体活动、线上研修、自主实践、成果分享等，它为教师提供了经验交流、知识学习与实践改进的机会，可以激发教师参与学习的积极性，增强教研与教师培训的实效性，让教师通过人际沟通、交流和分享各种学习资源而相互影响、相互促进，并从中获得职业归属感和专业发展的成就体验，促进教师的专业化发展。

当下，越来越多学校发展教师学习共同体，如以课题为载体的科研共同体、

---

① 张铁道. 构建教师学习共同体的实践体会 [J]. 中国教师，2016（15）：4.

以教学为主的教学方式研究共同体、班主任共同体等。教师学习共同体与普通教师团队有什么不同？斯坦福大学教授格鲁斯曼以案例研究为基础，明确指出了"教师专业共同体"和"一群教师"之间有着本质的区别。国家教育行政学院教育制度创新研究中心主任赵宏强认为："教师共同体的根本价值在于创新教师的职业成长范式：建构教、学、研合一的新型教师专业生活方式，促进教师学习终身化、终身学习化，工作学习化、学习工作化；在深度合作、交往与共享中超越自我，走出自我教学的困境，成为顺应时代教育新发展、新诉求的高度专业化的工作者。"① 可见，教师学习共同体让教师的职业成长科学化、规范化，对教师的专业化发展起着非常重要的作用。

比如，石龙三中通过成立名师工作室、教师工作坊、教研组等形式，在优秀教师的引领下形成教师学习共同体，开展课题研修、跨校体验式研修、日常教研会议等活动，以共同体为平台，让学校教师共同向名师迈进。如成立了东莞市奉婷名师工作室、石龙镇何银娇名师工作室、石龙镇王绍芳名班主任工作室等，每个工作室都有自身的理念、团队文化、目标、制度等，打造"共研共创、共享共进"的研修团队。学校各科组、教研组定期进行研修活动，实现组内专业化成长，其中道德与法治、语文、数学等10个教研组先后被评为省、市优秀教研组；语文、数学、英语、道德与法治、物理5个教研组获评为东莞市"品质课堂"实验教研组。

通过教师学习共同体开展的一系列学习与研修活动，发展共同体内共同的目标愿景、自觉自愿的宽松氛围、面对的共同问题及优秀引领者的影响，更能帮助广大教师站在集体的肩膀上飞翔。

三、创建教师专业发展课程

学校可以利用条件，重新梳理学校组织和开展的各种校本教研与培训活动，基于不同发展阶段、不同发展水平、不同问题，为本校教师创建教师专业成长课程，帮助教师突破各个成长阶段的瓶颈，力图让每一位教师由初入职走向成熟，

① 赵宏强. 中小学"教师共同体"：为了什么？去向哪里？怎么建设？[EB/OL].（2021－07－15）[2022－03－16]. https://baijiahao.baidu.com/s?id=1705309516535474359&wfr=spider&for=pc.

由成熟走向优秀，由优秀走向卓越。

例如，北京十一学校从目标推动、经验分享、问题解决、教研活动和亮点推介等方面进行梳理，形成了 6 大类、16 个领域、40 门教师专业发展课程。① 这些课程经过系统梳理，汇编在《教师手册》中，供教师根据不同的需求进行选择。又如，苏州市姑苏区在 2018 年上线了具有姑苏特色的立体化、适切化、个性化的"姑苏教师专业发展课程体系"。该体系用"课程"统领，以"师德及职业理解课程""个人综合素养提升课程""专业知识课程""专业能力课程"四大模块整体架构，并分二级、三级子课程，形成了立体全面的课程群，满足教师幸福成长的需求，满足未来教育的发展需求。②

教师专业发展课程的形式是多变的，适合学校校情和本校教师情况的课程形式才能真正发挥促进教师专业成长的目的。与北京十一学校和苏州市姑苏区的做法不同，石龙三中将关注点放在校本研修上，基于校本教学模式"三维课堂"和教育信息化 2.0，积极构建校本研修模式，探索信息技术支持下的多元评价和考核方式，实现提升教师信息素养和专业能力的目标。如前文所提的，开展"一案三训五评"教师能力提升的整校推进"135 工程"及构建教师信息技术应用能力提升的"一核五环"校本研修模式。石龙三中以"提高教师信息化素养，助力深度学习实施"为目标，立足整校推进和全员参与，建立"骨干引领、教师互助、学校指导、考核促进"的机制，推动教育信息化在教学中的常态化应用。充分利用各级资源，组织教师参与信息技术线上、线下学习；指导全体教师开展智慧教育学习环境下的五个维度 28 个微能力点认证。通过"边培训、边运用、边总结"的方式，教师的信息技术能力水平和素养均得到提升，全校教师网络研修和校本研修通过率均达 100%。2021 年 3 月，石龙三中获评广东省中小学教师校本研修示范校，为全省乃至全国基础教育领域深化课堂变革提供可资借鉴的校本研修"东莞样本"。

"既要学得愉快，也要教得幸福"是石龙三中开展"幸福科研"的基础和口号。如今，石龙三中打造了"一校一案""一科一策""一师一题"，走出了具有

---

① 李希贵，等. 学校转型：北京十一学校创新育人模式的探索［M］. 北京：教育科学出版社，2013.

② 姑苏教育. "姑苏教师专业发展课程体系"全新上线啦！［EB/OL］.（2018 - 04 - 04）［2022 - 03 - 16］. https://www.sohu.com/a/227322384_349724.

本校幸福教育体系特色的"幸福科研"品牌之路，实现"学在三中有名师"，为学校品牌增添了亮色。一方面，基于盘活存量、发展增量、做大总量三大方针培育"幸福教师"；另一方面，探索了能力提升工程2.0"基于课堂、重在创新"的信息技术应用校本研修与考核新模式，总结提炼了推动学校信息化教育教学创新发展的整校推进实施方案。

教育科研工作是保障基础教育质量的重要支撑，其主要任务是服务学校教育教学，引领课程教学改革，提高教育教学质量；服务教师专业成长，提高教书育人能力；服务教育管理决策，加强基础教育理论、政策和实践研究，提高教育决策的科学化水平；等等。学校品牌教研创建的关键是校长和教师，活动的主体是教师，教师的教育科研水平影响着学校整体的教学质量。学校既要重视教育科研相关制度的建设和完善，又要重视对教师专业化能力的培养。全国政协常务委员朱永新在《享受教育》中说："学校发展的第一生产力是什么？我认为是教育科研。"在创建学校品牌的过程中，学校要着力打造品牌教研，积极探索提升教育科研水平的有效途径，以教育科研促进学校各方面的改革，全面促进教师专业化发展，让教育科研走健康、持续发展之路，发挥品牌学校创新内驱力的作用。

第四章

管理与辐射——品牌学校的教育影响力

"千教万教教人求真，千学万学学做真人。"品牌学校的核心是人。在学校品牌创建过程中，求真务实是学校管理必须坚守的原则，成就师生是最基本的追求；实施精细化管理是学校品牌建设的要义，也是学校长远发展的保障。只有提升学校管理内涵，学校品牌才能站得住、立得稳、响得远。

第一节　管理精细化，学校品牌的运营

常言道："三分教学，七分管理。"学校品牌管理是指学校将品牌作为经营战略的核心内容，为打造知名品牌而开发和盘活各种资源，以品牌驱动学校持续健康发展。也就是"通过学校品牌的定位、设计、宣传、维护、创新、评估等一系列的建设、开发与运营工作及延伸、扩张等策略与战略的决策，达到学校品牌强势增值，进而实现提高办学质量和效益的目的"①。

学校管理文化是一所学校凝聚力和活力的源泉，也是推动学校持续发展的精神支柱，要真正落实化、人性化、人文化。因此，学校在创建品牌的过程中，要实行一种科学的人本管理方式——精细化管理。精细化管理是一种现代的管理理念，源于企业管理，后延伸至不同领域，在教育领域成为提升学校治理水平、打造品牌学校的运营方法。

"天下大事必作于细"，学校实施精细化管理，一是强调"精"：精心的态度、精细的手段、精致的结果；二是着眼"细"：注重细节，如内容细、执行细、评价细；三是落点"化"：管理具备系统性，使制度内容全面化、制度规程具体化、制度执行落实化。学校要向管理要质量、让管理出效率，形成"事事有人管，人人有事管，处处有管理"的局面。各部门、各科室可结合办学理念对学校原有的管理制度进行进一步完善，可重新编修学校章程。这些制度的修订可使教职工在工作中有章可循，可使学校教育理念逐步内化为教师的教育教学行为，既促进了教师的发展，又提高了管理效能，使学校管理走向和谐有序。

随着对特色品牌关注的不断深入，越来越多的学校意识到，实现品牌学校的全面升级，要在管理上从规范化走向精细化，并努力朝着个性化的方向发展。比如，洛阳市首批示范性高中——新安县第三高级中学强调"管理在年级、质量在学科、效果在班级"的管理思路，形成"规范＋特色"的管理制度，并坚持刚性管理和弹性管理相结合，实现管理服务全覆盖、全天候、无死角，多次获洛阳

---

① 李清刚. 校本管理：学校品牌的创建与运营［M］. 广州：广东高等教育出版社，2010.

市高中学校管理先进单位称号。① 又如，被誉为"昌平区初中教育教学领头羊"的北京市昌平区第五中学正是采取精细化管理来提升办学品质的，该校在学生习惯培养、教学管理、人文环境三大方面进行精细化管理，关注细节，扎实常规，形成完整的管理制度、管理方法、评价机制。② 精细化管理表现在哪？结合这两所学校的做法，精细化管理涉及制度、文化、环境、教学、队伍（行政、教师、学生、后勤）、安全等方方面面。为此，学校要拓宽管理思路，改进管理体制，创新管理体系，落实管理措施，实现"向管理要效益，以质量促发展"。

一、理论依据

"没有理论的实践是盲目的"，教育管理理论不是概念空泛的"文字游戏"，而是指引教育管理实践的参考原则。因此，学校在重新思考管理工作的时候，有必要寻找一定的理论支点，如科学主义管理理论的优化结构原则和整分合原则，人本主义管理理论的能动性原理、动态原理以及双重系统理论。结合中西方研究和不同学者的看法，将以上几个原则和原理归纳整理如下。

（一）科学主义管理理论

1911 年，美国管理学家弗雷德里克·温斯洛·泰勒出版的《科学管理原理》一书就包含了精细化管理的思想。科学主义管理理论则是随着美国科学管理理论运动兴起的。在科学主义思潮下，教育管理更加注重提高管理的功能和效率，采用科学的方法进行量化管理。在各个学者和流派的观点中，科学主义管理以开放系统的观点为主导，认为教育组织是一个开放的系统、"结构的社会技术系统"、新陈代谢系统等③，并提出学校要根据环节调整和改革内部结构。科学主义管理理论重视人的理性和组织的结构在管理与决策中的作用，提出了决策之于管理的关键性地位。而如何进行决策，则需要先根据一定的科学原则对教育组织进行客观思考，选择最优方案。

---

① 张超飞. 新安县第三高级中学：走特色化办学之路　打造豫西教育新名片［N］. 东方今报，2020 - 10 - 21.

② 具体内容可查看北京市昌平区第五中学前校长张玉泉的著作《学校精细化管理案例》。

③ 罗建河. 西方科学主义教育管理理论的观点与启示［J］. 辽宁教育研究，2008（5）：84 - 87.

1. 优化结构原则

优化结构原则着眼于教育管理的整体系统，通过调整系统结构使各结构协调发展，推动组织结构合理化，实现资源优化配置，以追求管理效益最大化。一般而言，优化结构原则包括几个方面：一是知识结构的优化，如学校管理的层次结构要由具有不同知识结构的人合理配比组成；二是能力结构的优化，如学校管理的层次结构要由具有各种能力的人组成，使结构形成智能互补；三是素质结构的优化，如学校管理的层次结构要由具有优良素质的人员配比组合而成。① 除了学校管理的层次结构外，优化结构原则也可以用于管理中的其他结构，根据结构的具体需要进行具体分析，如在教学管理中，涉及教学组织结构、教学监控结构、教学质量结构等。

2. 整分合原则

整分合原则也称管理分工原则，即整体把握、科学分解、组织综合，是指管理活动应从系统整体出发，进行结构分析，再做综合协调，以更好地实现管理目标。② 也就是说，学校管理者需要既注重母系统的调控，又注重子系统的配合。在这个原则中，整体是前提，分工是关键，综合是保证。首先，梳理整体观点，把任何管理对象、问题，视为一个复杂的、具有目的性的组织系统，做好整体规划工作。其次，围绕整体系统的环境，分析其性质、功能，定下总体目标，进行多方面分解和合理分工。分解和分工要遵循适度性、合理性、科学性原则。最后，加强组织管理，对分解和分工的各要素、环节进行综合协调，进而实现学校管理目标。要注意的是，学校管理活动总体形成整分合，而局部管理活动也同样体现出许多小的、局部的整分合。

例如，内蒙古师范大学刘恩毅曾依据整分合原则对内蒙古自治区临河地区九年一贯制学校提出"整分矩阵管理模式"，以"整分管理"为核心思想，以"整分矩阵"为表现形式（见图4-1、图4-2）。他提出，在具体管理的操作上，对管理的各个元素进行分解—整合，通过分条线分层分级矩阵式管理具体实施项目。③

---

① 萧浩辉，陆魁宏，等. 决策科学辞典 [M]. 北京：人民出版社，1995.
② 顾明远. 教育大辞典 [M]. 上海：上海教育出版社，1998.
③ 刘恩毅. 临河地区九年一贯制学校管理模式探讨 [D]. 呼和浩特：内蒙古师范大学，2009.

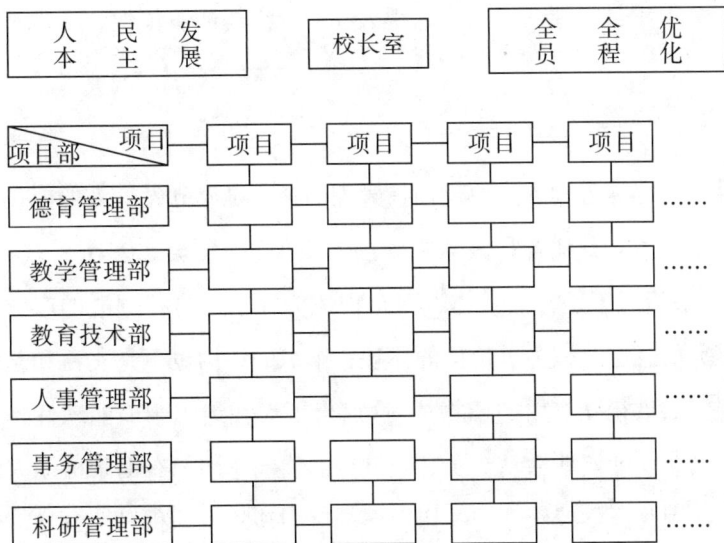

图4-1 九年一贯制学校"整分矩阵管理模式"总模块

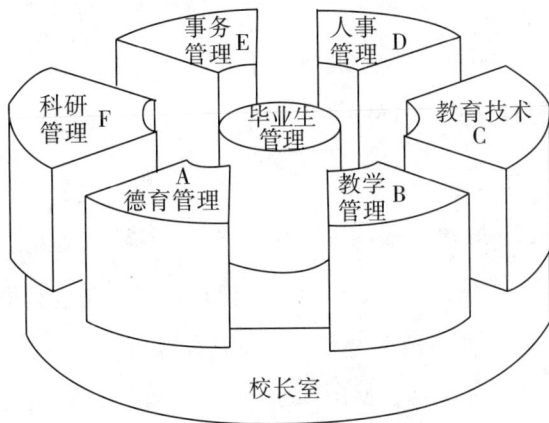

图4-2 "整分矩阵"组织管理结构

（二）人本主义管理理论

学校管理是多因素的复杂活动，管理对象是多因素的复杂系统。在所有因素中，人是最核心、最根本、最具有决定意义的因素。即学校管理的核心是人本管理，是对人生命的终极关怀，是对人身安全的呵护。人本主义管理理论强调以人为本，充分肯定人在管理活动中的主体地位和作用。在教育领域，人本主义管理理论把人作为组织最重要的资源，重视人在教育组织的主体性、在教育管理过程的价值性。

1. 能动性原理

能动性原理也称管理人本原理，指管理的核心是充分发挥人的能动性，揭示了管理运动中，人与其他各种因素之间的本质关系。[1] 吴志宏在《教育管理学》一书中写道："组织不是自然实体，而是为适应社会而自行创造的产物；组织的目标其实是人的意志、权力、价值的体现；组织的结构也不是实在和预先建构好的，而是组织成员相互作用的产物。"这道出了人在组织中的能动性作用。人的能动性是人的意识和实践活动对于客观世界的能动作用，有助于推动人的发展和组织的发展。因此，学校管理的一切工作都应调动师生的积极性、能动性。可以通过激励、培训、领导等管理手段，充分挖掘师生的潜能，营造和谐、宽容、公平的校园氛围，使师生从内心中感受到激励，推动师生自主、自觉创造，从而达到学校和师生共同创造学校品牌的最终目标。例如，教师激励机制是一种为了激发、培养、加强和维持组织成员的行为，并引导个体行为指向组织目标的有机系统。[2] 学校可以通过创建教师激励机制，推动教师发挥创造力，提高学校的办学质量和效益，为学校品牌运营增添动力。

2. 动态原理

这一原理是由教育系统的动态性特征决定的，认为管理是一个动态过程，是管理人员与被管理人员共同达到既定目标的活动过程。在这其中，不论是系统环境还是组织主体"人"都是动态发展的，因此有效的管理是一种因"时"制宜、因情况而调整的管理。在学校管理中，管理者的思想会随着对外界的认知变化而变化，加之管理组织不同成员存在能力结构、知识结构的差异，管理组织应不断更新管理观念，发挥全员智慧，根据学校内外部的情况变化及时做出适当的调整，使学校管理保持弹性，实现动态管理。如广州市增城区新塘中学，该校在成功建设"君子文化"品牌之前已建校 70 余年，有一定的办学声誉，但特色办学

---

① 顾明远. 教育大辞典［M］. 上海：上海教育出版社，1998.

② 孔志盛. 番禺区中学教师激励机制研究［D］. 武汉：华中师范大学，2008.

走入"瓶颈期"，后新任校长傅忠生的上任，给这所学校带来了新的办学思路，他带领学校班子重新挖掘学校历史和地域文化，为学校塑造了全新的办学理念——"承甘泉文化，育现代君子"，并推进学校其他领域的管理改革，注入了新的办学能量。可见，动态原理之于学校品牌运营是十分重要的。

（三）双重系统理论

双重系统理论是美国学者罗伯特·G. 欧文斯提出的，他认为教育组织具有松散结合的特征，也具有科层或经典组织的特征。"组织通常有两个性质不同的次级系统存在，一为行政系统，一为专业系统。前者具有科层组织性质，应采用科层制的管理方法，后者属于松散结合系统，应基于较多的专业自主。以学校为例，行政部门具有科层组织性质，应采用科层制的管理方式；教学部门属于专业系统，应给予较多的专业自主。"①

首先，松散结合理论认为组织中的各种因素是紧密又松散的结合联系在一起的。例如，教导处与校长办公室之间是松散结合的，两者通过一定的方式联系着，这样的联系可能是源于某些约束性、合作性的关系，但它们彼此又各自保持着个性和独立。其次，科层制是指一种权力依职能和职位进行分工与分层，以规则为管理主体的组织体系和管理方式。② 这种管理方式是以金字塔形构建组织结构的，强调"专业化、权利等级、规章制度和非人格化"③。

二、组织规划

精细化管理对学校内涵式发展起着关键性作用，对提升学校办学水平和品牌形象产生深远影响。实施精细化管理，要明确权力主体，明确管理内容；要梳理组织架构，合理安排管理层级及其职责；要形成管理文化，确定管理价值取向。

（一）权力分割

学校管理的精细化需要落实管理责任，这就涉及"谁负责"的问题，即要

---

① 罗伯特·G. 欧文斯. 教育组织行为学［M］. 7版. 窦卫霖，温建平，王越，译. 上海：华东师范大学出版社，2001.

② 刘永鑫. 基于双重系统理论的大学教师的管理［J］. 中国电力教育，2010（12）：4.

③ 彼德·布劳，马歇尔·梅耶. 现代社会中的科层制［M］. 马戎，时宪民，邱泽奇，译. 上海：学林出版社，2001.

考虑责任主体的权力问题。因此，首先要对权力链进行切分。"一所以学生成长为中心的学校，它的决策机构的成员一定是离学生最近的人员占主体。"李希贵在《学校如何运转》中强调了决策机构及成员组成的重要性，认为校长及管理层应学会对权力链进行切分，向组织的中层人员和基层人员分权，让处于不同层级的教职工有相应的权力。"让听到炮声的人指挥打仗。"例如，在教学方面，学校权力链可以作如图 4 - 3 的分割。

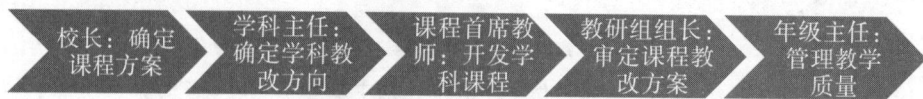

图 4 - 3　学校教学工作分割

（二）中层管理

李希贵认为："只有处于战略高层和教育教学一线之间的中层才属于中层管理者。"不同的结构有不同的中层管理者，因此学校要根据组织架构，合理定义每个中层岗位，摆正其位置、明晰其职责、梳理其关系，这也决定着整个组织架构的战斗力。

例如，石龙三中制定了《行政领导干部职责》规章，对校长（副校长）、教导主任、政教主任、人事干部、总务主任等管理层人员做出明确的职责要求。为更有序地创建品牌学校，石龙三中更是成立了创建品牌学校领导小组，以校长为组长，党支部书记、学校班子成员、支部委员等为成员，实现学校品牌创建管理高效化、科学化。以小组工作会议的形式，统筹研究、部署学校品牌创建工作。领导小组下设 10 个项目工作部，处室部门负责人为成员。10 个项目工作部分别为：品牌处室组项目工作部、品牌学科项目工作部、品牌教师项目工作部、品牌管理项目工作部、品牌学生项目工作部、品牌课堂项目工作部、品牌文化项目工作部、品牌体艺项目工作部、品牌校园项目工作部、品牌质量项目工作部。各项目工作部认真制订计划，落实责任人，分出时序，排出时间表，优化工作策略；学校将多措并举，不断推进项目工作部达成速度。在全校上下达成"创建品牌学校，人人有责"的共识，在全校深入开展"学校创建品牌，我做些什么"的大讨论、大交流活动。

（三）管理文化

品牌学校建设要进行全面质量管理，应推动学校管理的科学化、制度化、规范化、精细化和高效化。学校可以依靠各项规章制度，将学校管理的各项工作做具体，形成具有本校特色的管理文化，使学校品牌管理更加重"质"。

以石龙三中为例，学校在进行品牌运营时，推进规范办公和科学管理，构建现代学校管理体系。科学、合理的管理文化成为石龙三中幸福教育品牌的有力保障。

第一，学校管理架构清晰，分工明确，强调责任意识。石龙三中管理架构图如图4-4所示。

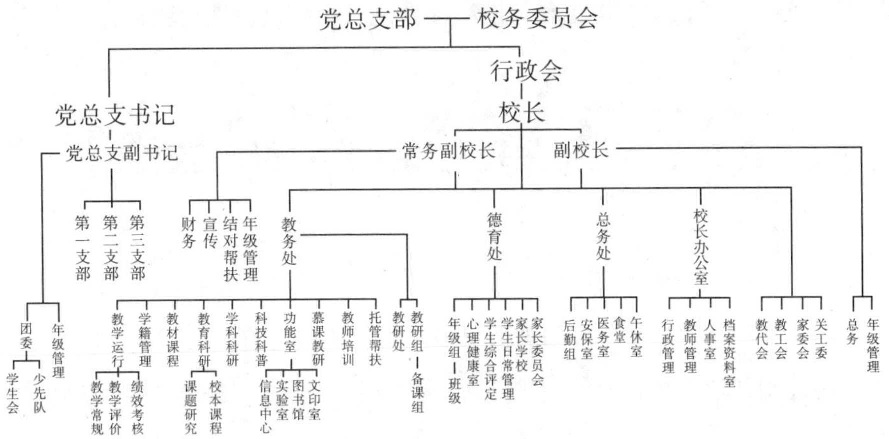

图4-4 石龙三中管理架构图

第二，学校坚持"制度第一，重在落实"的管理原则，依法办学，规范办公，制定了具有本校特色的《东莞市石龙第三中学章程》和各项管理制度。管理制度分为学校工作制度、教职工管理制度、德育工作管理制度、教学工作管理制度、后勤工作管理制度、体卫美劳工作管理制度几大方面，并制定《石龙三中AB岗工作制实施细则》，实行AB岗办公制度，将制度文化融入学校管理的各个层级、环节。同时，结合实际情况，进一步优化和完善学校各项岗位职责、工作方案、奖评措施、考核监督方法等，促进各项工作的流程管理规范化、常态化、制度化、精致化。同时，领导小组将加大各项目流程的监督管理力度，适时举办部门负责人工作总结交流及过程资料展评活动，尽力达到"制度第一，领导第二"的管理目标。

第三，分类培训指导，建立培养"品牌人"的培训机制。从行政、教师、班主任、学生等不同层面入手，加强对教师的师德师风师能、班主任的职级评定、学生的行为规范乃至校服的研究。如针对不同的人员，制定了《级长、科组长、班主任职责》《科任教师职责》《团委会职责》，针对教师制定了《石龙三中师德师风考评实施方案》《石龙三中教职工使用手机的管理规定》《优秀班主任评选方案》，针对学生制定了《学生文明礼貌守则》《学生奖励条例》《学生违纪处分制度》，等等。

学校管理文化中必不可少的就是对教学工作的管理，精细化教学管理是学校管理的核心，是推进学校整体精细化管理的保证，更是提升教育教学质量的保障。石龙三中的《教学工作管理条例》便体现了精细化管理的理念。

第二节　名师生辐射化，学校品牌的效应

学校教育是一种育人的工程，"人"是学校一切工作的中心。从这个角度来讲，校长、教师、学生是学校品牌形象最生动、最直接的体现。校长作为学校品牌的总设计师和学校品牌形象的代言人，其本身就具备"头雁效应"。教师作为教学系统的"枢纽"，担负着人才培养的重要任务，是学校品牌形象显著的标识。学生（校友）作为学校教育培养的主体，是学校品牌最重要的载体。名校造就名师生，名师生支撑、滋润着名校。因此，构建一个良好的品牌效应，学校可依托名师生辐射化，充分发挥名师生的宣传优势，扩大学校品牌的辐射力和影响力，提升学校的办学品位。

一、名师辐射

清华大学前校长梅贻琦曾说过："所谓大学者，非谓有大楼之谓也，有大师之谓也。"[①] 一所学校能够成为品牌学校，少不了名师的力量，名师是一所品牌

---

① 梅贻琦在 1931 年就职清华大学校长演讲时所说的话。

学校的核心资源。2022 年 4 月颁布的《新时代基础教育强师计划》提出了"充分发挥名师名校长辐射带动作用"的要求，更加佐证了名师之于普通教师发展、学校教育教学发展、学校品牌辐射的重要作用。

下面以石龙三中为例，谈谈名师辐射对学校品牌的培育和传播影响。随着石龙三中课改的探索和实践，一批批名师在课改的摇篮中成长了起来。学校重视名师的培养工作与辐射作用，专门成立"名师培养工作"领导小组，建立了学校名师库，制定培养制度和奖励制度，发掘和培养名师，以名师促进学校发展，强化和输出名师团队背后彰显着的石龙三中幸福教育的品牌文化。

（一）专业能力辐射化

教师专业发展水平是学校办学水平的衡量指标之一，为此，想要扩大学校品牌的效应，可以充分利用名师专业能力的辐射力，让名师在专业范围内实现向校内引领、向校内辐射。石龙三中在名师培养中坚持做"有深度的点拨"，除了在常规工作中给机会、施压力、搭平台外，还在各级评比中积极动员、精心组织、认真遴选、耐心指导，让学校教师的专业能力能够在各个方面得到施展。

1. 发挥名师的公共资源价值

前文提到，石龙三中通过教师人才培养工程提高校内教师专业化水平，通过工作室形成教师学习共同体，以名师带动校内外教师成长，共同向名师迈进。如今，石龙三中持续打造由名校长、名教师、名班主任工作室及各学科带头人组成的名师梯队，实现名师辈出。经统计，石龙三中现有广东省百千万名校长、名师培养对象 2 名，广东省学科带头人 1 名，南粤优秀教师 2 名，广东省名师培养对象 1 人；有东莞市名校长工作室 1 个、东莞市名师工作室 2 个、石龙镇名班主任工作室 1 个、石龙镇名师工作室 2 个；有东莞市学科带头人 13 名、东莞市教学能手 34 名、石龙镇学科带头人 18 名。在石龙三中幸福教育品牌建设过程中，名师梯队交出了高质量的答卷。以东莞市奉婷名师工作室为例，该工作室在 2019—2022 年三年研修期间，以初中英语学科为基础，立足"智慧共融，德艺共生"，打造出"'1 + 4 ×'行动研究策略"的研修品牌（"1"指融合创新，共建智慧 e 家；"4"指四项行动研修策略；"×"指每项行动研修策略中的具体措施）。三年来，工作室成员教、学、研并举，参与多项研修活动和讲座，论文、课题处处开花，开发了各类教育资源，多次到区域内学校开展教研活动。研修品牌的输出，区域教研的交流与指导，都在不断增强东莞市奉婷名师工作室的辐射能量，也使石龙三中在区域内得到更多的关注和认可。

四川师范大学教授李华平认为，名师工作室的引领辐射是其社会公共资源属性的必然要求，"名师作为社会公共资源，离不开社会的公共认同和公共维护，这种公共性也决定了名师资源理应由社会共同享有"①。名校长、名教师、名班主任工作室都可以说是这一资源最好的扩大装置。如陕西省高中英语教学刘小红名师工作室吸纳、培养了100多名青年教师，除了本地教师外，还有来自其他地区的学员，工作室的辐射力度显而易见。因此，发挥名师辐射的作用，一方面是靠名师带动校内教师群体成长，另一方面要看到工作室作为公共资源的输出价值，借助良好的内外环境，在更大范围内激发出名师的影响力。

2. 走"请进来、走出去"的路子

在品牌学校建设中，石龙三中以"请进来、走出去"的方式，扩大名师的品牌效应，增强学校品牌的影响力。通过跟随上级政策计划、增强兄弟学校之间的交流互动，增进与外界的联系，更新名师的教育教学观念，提高名师的教学管理水平，促进学校教育的科学化发展，进而提升学校的知名度和美誉度。

第一，"莞邑良师"行动计划。2021年，东莞推出《打造"莞邑良师"行动计划（2021—2025年）》，提出要打造三支队伍——好校长队伍、好教研员队伍、好教师队伍，以沙龙搭台强化东莞名校长、名师的示范引领作用。石龙三中紧跟东莞教育发展步伐，乘着东莞打造"莞邑良师"品牌的东风，学校积极推进实施各项计划，参与"莞邑良师"沙龙活动，对内强化学校师资队伍力量，力争多出名教师、好教师，对外输送优秀教师，从而将"莞邑良师"这一品牌融入学校幸福教育的品牌内涵，丰富学校品牌内涵，定锚稳舵跟航向，反哺学校品牌建设与辐射。

第二，支教帮扶。支教是实施教育扶贫、促进教育均衡发展的举措之一，名师在支教过程里展现的不仅是个人的教学能力、教学魅力、教育观念和思想，更是拉动了名师所在的学校与当地学校之间的帮扶联动。近年，石龙三中多次派出名师赴省内外学校进行支教帮扶活动。比如：2017—2019年，学校与四川甘孜

---

① 梁丹，赵秀红，等. "塔楼"的光可以照多远：聚焦名师工作室的引领辐射功能 [N]. 中国教育报，2020－07－27（1）.

州九龙县中学完成三次结对交流活动，其间，左炯浩、任振华两位老师和四川甘孜州九龙县中学的教师通过互派跟岗支教进行深入交流。而四川甘孜州九龙县中学的部分学生也通过这一支教活动走出大山，走进石龙三中。2019—2020 年，石龙三中音乐教师、优秀班主任何海军远赴云南省昭通市昭阳区凤凰街道办事处中学（以下简称凤凰中学）开展支教活动，其间承担公开示范课 3 次、开展讲座 8 次、主持音乐组教研活动 1 次，累计培训教师达 1 000 人，他还为凤凰中学创作了新校歌《凤凰摇篮》，为该校的教学质量提升、校园文化打造做出了贡献。2019 年，昭阳区融媒体中心对何海军老师进行采访——《东西部扶贫协作：跨越千里 情暖昭阳》，"南方 +"也做了专访报道——《石龙三中这位优秀班主任有了新角色：云南昭通支教教师》。近年来，随着名师支教工作、学校之间的交流帮扶工作的持续、深入开展，石龙三中幸福教育的品牌远播四川甘孜、云南昭通、广东韶关等地。

第三，公开课。公开课除了有助于提升教师的教育科研水平外，还可以令名师通过这一渠道名扬在外，彰显自身教学实力的同时扩大学校品牌的影响力。石龙三中开展的公开课教研活动，接受省内、市内、同学科、不同学科教师团队的莅临观摩，如东莞市万江第三中学、东莞市可园中学、佛山市顺德区翁佑中学等，在区域内形成一定的认可度。此外，石龙三中利用学校微信公众号平台、当地媒体平台进行宣传报道，据不完全统计，2020—2021 年，学校微信公众号平台发布公开课相关文章超 30 篇，累计阅读量超万次。

3. 借助竞赛平台展示名师风采

竞赛平台是展现教师专业能力的公开渠道，在各类教学技能比赛、艺术比赛、论文评比等活动中，教师同台竞技，既代表着个人也代表着学校，是一个隐形的品牌符号。教师在竞赛中的得奖情况，常是家长、社会评判学校师资的一项内容，为此，宣传学校品牌时可以通过教师竞赛成绩来凸显学校师资状况。学校可以多鼓励教师参与各类型竞赛，实现以赛促教、以赛促交流，在竞赛中展现独有风采。

2018—2021 年，石龙三中教师参加各类竞赛获奖共计 439 项。其中，2021 年达 195 项，包括国际级 2 项、省级 109 项、市级 67 项。比如：余憧憬老师的绘画作品在"2021 金风车国际青年插画家大赛"中荣获金风车插画国内金奖；

杨森林、王烈群、龙海威、王健鸣、梁昌骏等老师撰写的论文获得广东省教育学会论文评比一等奖；王烈群、张少霞、王健鸣、周佩儿、谭静娴等老师的教学设计获得东莞市优秀设计一、二等奖；等等。此外，石龙三中基于学校"三维课堂"，于2021年开展了首届"三维课堂"比赛，并对比赛的预告阶段、进行阶段、收尾阶段进行跟踪报道，大获成功。"三维课堂"比赛也将逐渐打造成学校的品牌项目，成为"三维课堂"品牌成果之一。这些成绩都从侧面反映了石龙三中师资队伍的质量，让学校的品牌形象在公众心中立得更稳。

（二）师德师风示范化

习近平总书记指出，抓什么样的典型，就能体现什么样的导向，就会收到什么样的效果。师德师风是评价教师队伍的第一标准，《新时代基础教育强师计划》提道："坚持师德为先，把教师思想政治和师德师风建设放在首要位置。"为此，品牌学校可以通过挖掘校内的优秀教师榜样，多渠道、大力度地宣传优秀教师，彰显他们在师德师风方面的突出表现，以宣传教师先进典型，一方面增强优秀教师的职业自豪感，另一方面形成具有学校品牌符号的模范教师队伍，强化学校的品牌形象，拉近与公众的距离。

一直以来，石龙三中大力加强教师队伍建设，进一步优化教师素质结构，坚持专业素养、职业素养、政治素养、人格素养一体化发展，让教师做到教学与科研兼顾、教书与育人兼顾、立己德与树人德兼顾，引导教师以德立身、以德立学、以德施教。为更好地发挥榜样"润物细无声"的效果，石龙三中从几个方面入手，将优秀教师的师德师风示范化，塑造师德师风榜样形象。第一，积极参与市级、镇级"最美教师"评选活动，向外推出校内的师德师风榜样。学校现有7人获评石龙镇"最美教师"称号、11人获石龙镇"桃李奖"。第二，在校内启动师德建设主题教育月，举办"石龙三中'十大最美教师'评选活动""师德先进个人评选活动"等，形成学校的师德师风建设品牌，努力做到强化"选的导向"、量化"选的标准"、细化"选的流程"。第三，巧用学校公众平台、新闻媒体平台等媒介，宣传教师榜样事迹，采用对话式、故事化、自我讲述等方式亲切地与公众进行心灵交流，通过生动鲜活的故事调动读者的情感逻辑，如搜狐号"印象石龙"的报道《不忘初心　三尺讲台绘青春——记石龙镇第二届"十大最美教师"袁晓晶》、莞讯网的报道《石龙三中最美教师——龙北渠》、学校微信公众号平台发布的推文《谢谢您，梁君老师》《谢谢您，樊会芳老师》等。

"师德榜样的道德形象唯有合乎公众的审美与道德取向，才能发挥强大的示范引领效能。"① 多措并举地推进师德师风示范化，能够让公众接触到更多有真实感、现场感的教育名师，让公众更愿意了解学校品牌，这是发挥学校品牌效应的有力辅助。

二、学生辐射

学生是学校品牌运营中最庞大的主体，学校品牌的培育是以学生的长远发展为旨归的。可以说，学生的发展情况承载着学校品牌的名声，是学校品牌核心竞争力的表现之一。当下，"以品牌学生打造品牌学校"的方式逐渐成为一些学校的品牌培育之策。比如，北京十一学校就是以学生发展为本，实施个别化教学，进行一对一培养，致力创造适合每一位学生发展的教育。该校学生王凯基在学校为他量身定制的一系列音乐专业课程下学习，于 2013 年 7 月被美国一所著名大学录取②，是该校个别化教学下学生发展的典型。学校品牌在推动学生成长的同时，学生的发展也为学校品牌不断"造血"，成为品牌辐射的重要载体。

下面以石龙三中为例，从升学、竞赛、校友三大途径探究学生的辐射力。一直以来，石龙三中都将立德树人有效融入学校管理的方方面面，贯穿学校教育教学各项工作，用心培养"价值观端正、知识丰富、能力全面"的幸福学生。落实五育并举，健全家校社协同育人机制，使学生德、智、体、美、劳全面发展，幸福教育滋养并温暖着每一位三中学生。

（一）综合素质

在石龙三中幸福教育体系下，学生综合素质在多元课程、多样活动中得到全面发展，每一届学生三年学段内获学校、镇、市、省、国家、国际级奖励人数近2 000 余人次，比率超过 95%。其中，升学成绩与竞赛荣誉能直观地表现学校在培养学生上所做的努力和成果。

---

① 柏路. 改革开放以来师德榜样建设回溯与前瞻［N］. 中国教育报，2021 - 04 - 01.
② 李建平. 中国教育寻变：北京十一学校的 1 500 天［M］. 北京：教育科学出版社，2015.

1．升学成绩

升学是每一位学生、家长最为关心的话题。石龙三中因材施教，学生升学成绩结出累累硕果。自 2004 年以来，学校连续 18 年获评东莞市中学教学质量综合评价优秀单位；中考成绩连续 18 年大幅度超市平均水平，学校考取省一级以上优质高中学生比率超过 70%。

2019 年中考，学校总平均分 633.88 分，超过市平均分 31.49 分；2020 年中考，学校总平均分 586.94 分，超过市平均分 14.18 分；2021 年中考，学校总平均分 600 分，超过市平均分 28 分，均位居东莞公办学校前列。其中 2021 年，全校总分最高分 740 分，700 分以上 37 人，680 分以上 87 人；华南师范大学附属中学、东莞中学上线 20 人，龙中上线近五年首次突破 200 人，公办高中上线 377 人，普高上线 456 人，普高上线率达 86.5%；郭唯、张浩铭两名体育特长生被华南师范大学附属中学录取，"南方＋"对两名学生做了特别报道《特写｜特长＋文化＝更好的未来，石龙三中体育生考上省重点》，成为学校宣传的"生招牌"。截至 2021 年，石龙三中共有 554 位优秀学子考上东莞中学，有 1 759 位优秀学子考上东莞"五大校"。石龙三中 2022 年中考总平均分 657.1 分，超市平均分 30 多分，超兄弟学校 11 分左右。全校 700 分以上有 253 人，揽获全镇前六名，普高率达 86.7%。石龙三中中考成绩已连续 19 年大幅度超市平均水平，且历年位居全市前列。优异的升学成绩有赖于幸福教育品牌的持续创建，有赖于"三维课堂"教学改革的不断探索，石龙三中也因此获得了较高的群众认同度，赢得了较好的社会声誉。

2．竞赛荣誉

竞赛是学生挖掘潜能、检验学习效果、展示风采、培养核心素养的良好平台，学生以赛促学，培养思维能力、实践能力、合作能力等多方面素质，并在竞赛舞台上代表着学校的形象。2018—2021 年，石龙三中学生在各级各类竞赛中获奖 3 512 人次。其中，2021 年获奖 1 918 人次，包括省级 1 406 人次、市级 38 人次。例如，刘森源同学在《少年讲书人》电视展评活动中表现优异，被评为"王牌讲书人"；翁铭婧同学在广东省中小学"学百年党史，做时代新人"主题征文活动中荣获初中组优秀奖；邓凯宇、何芷同、杨子圣等 52 名同学荣获第十三届中学生数理化综合实践活动现场竞赛省级一等奖；丘韬、刘诗琪同学在广东省第九届棋类特色学校联赛中荣获省级一等奖；石记淳、李沛奕、陈嘉欣 3 名同学分别荣获第十三届中学生数理化综合实践活动省级展评个人全能金、银、铜奖；杨雨洁、黎亦琳、陈嘉敏等 29 名同学荣获第九届中小学生语文素养展示暨研学实践活动省级一等奖。一批批学生的竞赛荣誉，为校内其他学生树立了学习的榜样，激励着其他学生追求进步、追求自我，也丰富着石龙三中的育人成果，为幸福教育品牌镀上了"金边"。

然而要说明的是，升学成绩与竞赛荣誉是衡量学校办学质量的指标，但不是唯一指标，教育者不能将升学与竞赛直接对等挂钩，更不能走"唯分数论"的路子。育人，育的是全面发展的人，是有血有肉的人。教学与竞赛的根本任务是立德树人，在于培养学生的核心素养、发展学生的综合素质，这样培养出来的学生才是学校品牌的最好体现，才能成为学校品牌的标识，提升学校品牌的辐射度。

（二）校友文化

学校在品牌建设与传播过程中可挖掘的资源众多，其中校友是最容易被忽视的资源。校友是从学校走出来的学生，他们对学校的认知是具有代表性的。因此，打造校友文化可以作为增强学校品牌辐射度的新路径。

在国外，校友文化盛行已久，美国、新加坡等国家的校友文化形成了一定的规模，成为一流大学创生与发展的重要助力器，如密歇根大学重"联系创生"的校友文化、哈佛大学重全程分享的校友文化。甚至许多专业评估机构会把校友的成就及其对母校的支持程度作为评判世界一流大学的重要依据。[①] 在国内，校友文化也逐渐成为各大高校品牌建设的一部分，用校友文化"软实力"助推高校发展。虽然校友文化常见于高校建设，但是中小学也可以根据自身情况，合理、适度地利用校友资源，打造属于自己的校友文化，让校友发挥学校品牌的效应。

以石龙三中为例，学校主要从以下几个角度打造本校的校友文化，发挥校友的辐射力：

一是开展校友联谊活动，搭建校友联系桥梁，紧抓校友情感纽带。例如，从2018 年起每年举办一届"石龙三中'校友杯'羽毛球赛"；通过学校周年庆的契

---

① 顾建民，罗志敏. 美国一流大学校友文化特色摭谈 [J]. 高等工程教育研究，2013（5）：79 - 84.

机，举办校友毕业周年聚会；等等。

二是通过网络媒体、学校自媒体宣传报道校友为学校奉献的正能量资讯，在向外界宣扬校友美好品质的同时，对学生进行潜移默化的道德教育。如 1979 届校友杜榕标先生携手 5 家关联企业出资约 2 000 万元捐建学校的教学楼，此事成为东莞首单以实物捐赠形式捐建的项目。

三是宣扬优秀学子学风、作风，邀请优秀学子回校。比如，学校在校园内、在网络平台对勇夺东京残奥会两枚金牌的 2007 届校友陈敏仪进行报道宣传，以激励学生奋发向上；邀请王慧、韩蓓、彭炜坚、何敏熙、温丽君、陈东瑜等一大批就读国内外知名高等学府的优秀学子回校，开展"校友论坛"活动等。这些举措使得石龙三中逐渐形成自身的校友文化，构建校友与母校文化同根、文脉同源的共同体，借助校友文化传承学校精神，扩大学校品牌影响，促进学校发展。此外，有的校友在网络上抒写对学校的情谊，让公众通过真情实感的文字感受石龙三中幸福的校园生活。如 2019 届学子黄铭诗撰写的《愿你走出半生，归来仍是少年》在微信公众号平台"一点工作室"发布，收获近 3 000 的阅读量，几十条互动留言。校友情真意切的叙述与受众的留言，连接成一座情感沟通的桥梁，而石龙三中就是桥中间的支柱。

第三节　影响力扩大化，学校品牌的传播

在品牌学校创建过程中，学校整体呈现出一种新的教育生态。课程结构的建构为每一位学生个性的充分发展带来了可能，同时学生的社会责任感不断增强，创新精神和实践能力不断被激发出来，逐渐具有了独立人格和独立思想；教师主动变革的意识和教育教学能力不断增强，在变革中找到自身更深层次的责任和更崇高的使命。校园里群体的多样性与个性的独特性并存，各种影响力量互相作用，形成了和谐的校园生态，推动着学校品牌的优质发展。和谐向上的教育生态是学校品牌影响力的传播基石，在这样的环境下，通过不同的手段或渠道传播学校品牌，能够把品牌擦得更亮、打得更响。

一、示范引领

推动教育均衡发展、促进教育公平的目标自提出以来，就成为我国义务教育的重中之重，成为教育改革发展的战略性任务。如何实现这一目标？优质学校的引领、示范是解决问题的其中一把钥匙。可以说，发挥优质学校的辐射力，既是学校自身品牌发展到一定程度的需要和成果，也是促进教育优质均衡发展的必要途径。自身学校办成品牌，是一种引领；帮扶薄弱学校，则是一种担当；引领和担当是品牌学校辐射力的"一体两翼"。

一所品牌学校，不仅能够着眼于自身的可持续发展，而且能带动区域乃至更大范围的学校走上均衡、协调、长远发展的道路。国务院参事、中国人民大学附属中学校长刘彭芝认为："优质学校发挥辐射作用的最佳方式，就是通过多种形式孵化出更多的优质校。"① 石龙三中即是如此，学校在发挥品牌学校示范作用中，采用集团化办学、托管帮扶、校外论坛、社会合作等多元的方式，将学校的教育成果惠及更多的师生及学校，并发挥应有的社会服务功能。

（一）集团化办学

集团化办学是一种将一所名校和若干所学校组成学校共同体（名校集团）的办学体制，是提升区域教育均衡化水平的重要举措。《关于进一步推进义务教育均衡发展的若干意见》提道："要缩小各校在办学条件上的差距，采取与薄弱学校整合、重组、资源共享等方式发挥优质公办校的辐射、带动作用，促进薄弱学校的改造。"2020年，广东省教育厅等四部门联合下发《关于推进中小学幼儿园集团化办学的指导意见》，明确统筹区域内集团化办学、推动跨区域集团化办学等，实现优质教育资源利用效益最大化。通过集团化办学，能够充分发挥教育集团总校的品牌影响力和文化辐射力，帮助各成员学校有效地提升办学质量。

东莞市作为广东省教育强市②，也积极投身集团化办学的事业，发布了《东莞市推进中小学校集团化办学实施方案》，采取"名校＋分校""名校＋新校""名校＋弱校""名校＋民校"等形式推进集团化办学。截至2021年，东莞市组

---

① 刘彭芝. 促进教育均衡发展优质校要带头 [J]. 基础教育改革动态，2014（8）：17－18.

② 2006年1月23日，广东省人民政府授予东莞市"广东省教育强市"称号。

建了 40 个教育集团，2019—2021 年连续三年师生、家长对集团化办学的满意度都在 98% 以上，形成了集团化办学的"东莞模式"。① 石龙三中教育集团就是其中一个"莞中样本"，下面通过解码石龙三中教育集团的发展，看品牌学校在集团化办学上的示范辐射作用。

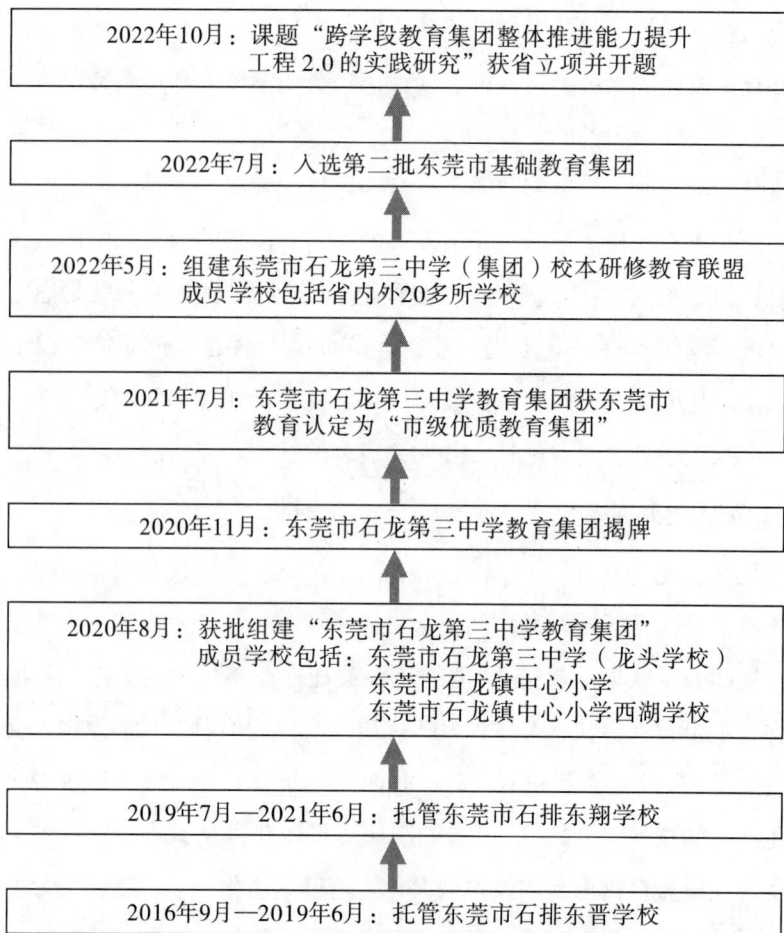

```
┌──────────────────────────────────────────────┐
│  2022年10月：课题"跨学段教育集团整体推进能力提升  │
│  工程2.0的实践研究"获省立项并开题               │
└──────────────────────────────────────────────┘
                     ↑
┌──────────────────────────────────────────────┐
│  2022年7月：入选第二批东莞市基础教育集团          │
└──────────────────────────────────────────────┘
                     ↑
┌──────────────────────────────────────────────┐
│  2022年5月：组建东莞市石龙第三中学（集团）校本研修教育联盟 │
│  成员学校包括省内外20多所学校                    │
└──────────────────────────────────────────────┘
                     ↑
┌──────────────────────────────────────────────┐
│  2021年7月：东莞市石龙第三中学教育集团获东莞市    │
│  教育认定为"市级优质教育集团"                    │
└──────────────────────────────────────────────┘
                     ↑
┌──────────────────────────────────────────────┐
│  2020年11月：东莞市石龙第三中学教育集团揭牌       │
└──────────────────────────────────────────────┘
                     ↑
┌──────────────────────────────────────────────┐
│  2020年8月：获批组建"东莞市石龙第三中学教育集团"  │
│  成员学校包括：东莞市石龙第三中学（龙头学校）      │
│  东莞市石龙镇中心小学                           │
│  东莞市石龙镇中心小学西湖学校                    │
└──────────────────────────────────────────────┘
                     ↑
┌──────────────────────────────────────────────┐
│  2019年7月—2021年6月：托管东莞市石排东翔学校     │
└──────────────────────────────────────────────┘
                     ↑
┌──────────────────────────────────────────────┐
│  2016年9月—2019年6月：托管东莞市石排东晋学校     │
└──────────────────────────────────────────────┘
```

图 4-5　石龙三中集团化办学历程

　　自创建品牌学校以来，石龙三中发展态势良好，学校办学品质得到了大幅度提升。为打造小初九年一体化优质育人模式，在东莞市教育局的支持下，2020

---

①　刘召. 2021 东莞教育十大改革事件［EB/OL］.（2022 - 01 - 11）［2022 - 04 - 28］. https://pub. timedg. com/a/2022 - 01/11/AP61dcf250e4b0aa039899d629. html.

年8月，石龙三中组建了石龙三中教育集团。采用镇内"名校＋分校"的"托管型"组建模式，以石龙三中为龙头学校，石龙镇中心小学、石龙镇中心小学西湖学校两所公办小学为成员学校。鉴于这是一个托管型的教育集团，石龙三中以团队建设、师资建设、品牌建设、慕课建设、资源建设和社团建设等六个方面铺开集团化办学（见图4-6）。根据集团化办学的总目标，石龙三中以核心循环教学法的翻转课堂教学模式和市第一批品牌学校为抓手，通过共同体项目引领、工作坊教研指导和2.0专家团队进校指导"三步走"，推进集团内成员学校"三位一体"发展，即高位发展教育信息化、高位发展学校品牌文化、高位发展教师专业成长，打造小初九年一体化优质育人模式，形成了"一校一品"格局。经过一年多的探索和实践，石龙三中打造了一个基于翻转课堂的深度学习，促进教师专业成长的九年育人一体化的教育集团，2021年8月被东莞市教育局认定为"市级优质教育集团"。

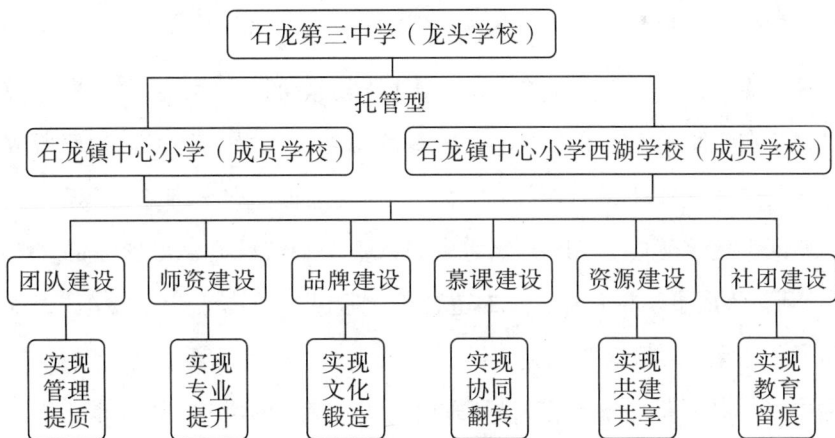

图4-6　石龙三中教育集团化办学架构

1. 共同体项目引领

在石龙三中教育集团中，龙头学校和成员学校以契约为纽带，根据成员学校品牌文化、翻转课堂、教师专业成长等需求和协议，明确各方责、权、利。龙头学校石龙三中是广东省教育信息化教学应用创新实践共同体项目牵头单位，学校以共同体项目引领集团内学校高位发展教育信息化。石龙三中引领成员单位石龙镇中心小学、石龙镇中心小学西湖学校、石排东翔学校、东坑东晋实验学校等四所学校，开展慕课研究和翻转课堂教学实验，分享基于"核心循环教学法的翻转课堂"教学模式。

开启集团化办学初期，石龙三中向两所成员学校派出管理团队和骨干教师团队，通过输出品牌、学校管理、翻转课堂教学模式、教育资源以及开展教师共同研训、校际互动交流等方式，整体提升成员学校的办学水平，构建了学校品牌文化体系。其中，石龙镇中心小学形成"树人教育"文化，让每一个学生像小树一样茁壮成长；石龙镇中心小学西湖学校形成"容慧教育"文化，书绘华彩，容慧童心。

2020—2021年，在集团龙头学校优质教育资源辐射和办学经验指导下，各成员学校扎实推进教学常规工作，深入开展课堂改革，落实集体备课，呈现出浓厚的教育科研氛围。同时，集团完善和落实教学过程监督、教学质量监测、教学成绩分析、教学考核评价等制度，全面提升了集团内各学校的教育教学质量。

2. 工作坊教研指导

石龙三中充分发挥专家资源优势，以工作坊教研指导集团内学校高位发展教育信息化。在集团化办学初期，石龙三中就派驻冷芬腾研究团队到两所成员学校，并成立"莞式慕课教学研究工作坊"，开展常态化教学研讨交流活动，将本校成熟的课堂教学模式——以学生为中心，基于翻转课堂深度学习的"三维课堂"，顺利引入成员学校并开发新的适合小学阶段的翻转课堂教学模式，推动小初一体翻转课堂教学模式研究。

集团化办学以来，石龙三中冷芬腾研究团队指导两所成员学校探索出适合本校实际的翻转课堂模式，实现翻转课堂教育的小初一体化衔接，推进教育信息化共同发展。如今，石龙三中教育集团两所成员学校信息化发展迎来高光时刻：石龙镇中心小学打造了"一核三环九步"树人课堂模式，推进学科教学与信息技术融合，实现教与学的提质增效；石龙镇中心小学西湖学校构建了国家基础课程＋自选拓选课程＋校本特色课程的"1＋X＋1"课程体系，形成"专业引领、同伴互助、自主成长、特色见长"的教育模式。

3. 2.0专家团队进校指导

石龙三中充分发挥广东省中小学教师信息技术应用能力提升工程2.0试点校

优势，打造了一支专业水平高、师资力量雄厚的 2.0 专家团队，成员包括省名师、省百千万名师培养对象、南粤优秀教师、市教学能手，全面指导成员学校开展教育教研和校本研修活动，助力成员学校高位发展教育信息化。

2020—2021 年，石龙三中教育集团的 2.0 专家团队，一方面，通过参与省内外校际学习、交流和教研，不断提升团队战斗力；另一方面，及时、有效地传授经验，指导各校以学生为中心，积极探索能力提升工程 2.0 背景下学校优质发展之路。这样的探索不仅改变了石龙三中的教学生态，更引发了一场学校的课堂革命。"三中模式"从集团内拓展到整个石龙镇，实现了石龙镇的翻转课堂教学从初中到小学、从公办到民办的全学段覆盖。

集团化办学以来，石龙三中教育集团吸引了来自全国各地百余批次的交流团队前来开展 2.0 校本研修交流活动，集团化办学经验、2.0 建设经验更是频频亮相全国。石龙三中教育集团借助品牌培育的契机，秉承"把各校之间的共性融合好，把学校的个性化发挥好，形成合力"的思想脚踏实地地办学，已逐渐成为全市乃至全省的信息化高地，是发展潜力无限、示范引擎动力十足的市级优质教育集团。

（二）托管帮扶

托管帮扶是我国义务教育阶段推动教育均衡发展、优化教育资源配置的另一有效探索形式。托管帮扶工程的持续推进，缩小了城乡学校办学水平的差距。比如，清华大学附属中学先后帮扶了四川什邡、广西扶绥、山西翼城的十几所中学，有 100 多名教师到贫困地区讲学，1 200 多名贫困地区教师曾到该校参加培训[1]；上海从 2017 年起实施三年一轮的"城乡学校携手共进计划"，到 2020 年已有 76 所郊区学校的办学水平得到提升，惠及郊区教师 5 000 多人、学生 5 600 多人。[2] 全国中小学、幼儿园开展托管帮扶工作以来，托管帮扶方与被托管帮扶方都取得了发展，义务教育优质均衡发展的目标正在逐步实现。

托管是一种精准的结对帮扶，公办学校托管民办学校是托管工作的其中一种

---

[1]　刘彭芝. 促进教育均衡发展优质校要带头［J］. 基础教育改革动态，2014（8）：17－18.

[2]　吴善阳，唐奇云. 上海市城乡学校携手共进结硕果　精准托管为学校注入新活力［EB/OL］.（2020－08－31）［2022－04－28］. https://baijiahao. baidu. com/s?id＝1676545454193440156&wfr＝spider&for＝pc.

模式。2016 年 9 月，东莞市正式启动公办学校托管民办学校试点工作。石龙三中作为区域内具有引领性的学校之一，被东莞市教育局选定，自 2016 年起，连续参与了两轮"公托民"委托管理试点活动。其中，2016—2019 年成功托管东莞市东晋实验学校，此为"沉浸式托管"，并顺利通过评估；2019—2021 年，托管石排东翔学校，此为"二托一托管"（石龙三中为托管的责任主体，石龙镇中心小学协同委托管理）。在托管帮扶期间，石龙三中将学校的办学理念、教学模式和管理方式等"嫁接"到被托管帮扶方，帮助东莞市东晋实验学校凝练和打造"礼香，书香，果香"的"三香教育"学校文化品牌，该校荣获"省级标准化示范校""东莞市优秀民办学校""2017 年东莞最具品牌价值教育机构"等称号，先后培养出 4 位市级教学能手、4 名市优秀教师。帮助石排东翔学校凝练和打造"志行教育"学校文化品牌，该校被评为"全国青少年校园足球特色学校"，对于托管，家长满意度为 94%，学生满意度为 93%，教职工满意度为 98%。两所托管学校得到迅速发展的同时，石龙三中的品牌影响力进一步扩大。

下面以托管石排东翔学校的探索和成效为例，了解品牌学校如何在民办学校托管工作中发挥示范辐射的力量。

1. 实施"四轮驱动"，构建"志行教育"文化

经过石龙三中、石龙镇中心小学多次调研，确立了"授人以渔，志行致远"的托管原则。托管委员会充分发挥两所名校的办学经验及资源优势，确立了以推进"基于核心循环教学法下的翻转课堂"教学模式为突破口，以"培育学生综合素养、加快教师专业成长、打造学校特色教育、提升学校文化建设"四大项目为具体抓手开展托管工作，致力将石排东翔学校打造成一所优质的民办学校。托管委员会通过多维度、多层次、多方位的调研，最终为石排东翔学校提炼并确定了"志行教育"文化体系，构建起包含"助志课堂、志行空间、志行课程、志行评价、志趣德育、环志教研"等六大内容的志行教育品牌体系。

托管团队着力促进学生整体综合素养的提升，强化师资培训，努力打造学校足球特色教育和以学生为中心、基于深度学习的"三维课堂"，提升学校文化建设，推动学校品牌发展，逐步形成学校品牌效应。通过近两年的托管，石排东翔学校入选 2019 年广东省教育信息化教学应用创新实践"核心循环教学法下的智慧课堂共同体"成员单位；首次成功承办 2019 年东莞市松山湖片区初中"慧教

育慧资源慧应用"专题研训活动，6位教师展示了具有生本特色的课堂范式；种子教师基于本学科生本课堂范式申报市级课题2项；13个教学范式陆续进入第一阶段的达标验收阶段。目前，石排东翔学校已初步建立校园顶层文化，品牌培育工作亦正式启动。学校"志行教育"已标识化和部分物化，并通过宣讲、仪式、活动等逐渐被师生、家长和社会人士所认识与认同。

2. 实施智慧托管，打造品质课堂

托管委员会积极发挥托管帮扶方名师的引领和示范作用，托管委员会建模带教，开创多个教研专项，实施智慧托管。如通过"青蓝在线"、骨干导师带教种子教师、专家引领、跟岗学习等多项举措，促进石排东翔学校行政、教师德艺并修，全面发展。其中，骨干导师带教种子教师是托管团队借鉴高校导师制提出的，托管帮扶方发挥自己的课堂教学特色优势，组建系列项目团队，采取种子教师推广种子学科的形式，以实现对石排东翔学校骨干教师培养与学科教学改进双驱动，帮助石排东翔学校构建多元的课堂教学范式，实现课堂改革与教学质量双提升的目标。石龙三中、石龙镇中心小学从本校遴选13个正在本校运用、教育教学效果显著的教学范式作为目标项目并组建导师团队，每个项目设立1名导师，被托管帮扶方对应安排1～2名教师作为种子教师，种子教师约占被托管帮扶方教师总人数的25%。

为进一步深化课堂改革，托管团队开展了以信息技术大融合为依托的翻转课堂教学研究，形成了"三环四步五明"的翻转课堂教学模式；还引进了石龙镇中心小学的"助学课堂"作为带教团队验收种子教师的指标，并逐步深化为符合石排东翔学校办学理念的"助学课堂"。

在托管委员会的领导下，三校之间开展的活动非常丰富，每月一次托管例会、每周一次办公会议。数据显示，2019年9月至今，三校开展学生活动共计2 500余人次，带教导师参与诊断课75节、示范课80余节，行政及中层干部跟岗学习达40余人次，师生获得市级荣誉22项、镇级荣誉256项；开展了广东省内校长培训班交流活动、市内校长后备干部培训班交流活动及东莞市名校长和名师工作室交流活动等。

在"志行教育"的理念指导下，石排东翔学校构建了以教师为主导、以学生为主体、以教学目标为主线的生本课堂；搭建和追求基于问题解决及成果实践

的教研体系，并通过课堂建设、教研体系建设同步推进"1＋X"志行课程体系
建设。

3. 实施足球特色，落实五育并举

托管团队紧紧围绕"有志者行"的办学理念，借助托管帮扶方的德育体系
和运作模式，大力推行"留痕德育"，落实五育并举，以志育德、家校共育，以
美壮志、志行健体，促进学生的德、智、体、美、劳全面发展。

托管团队在石排东翔学校组织开展"晨诵、午写、暮读"活动、学生周末
德育作业以及"入学礼""升学门""青春门"等系列主题活动，以达到"立德
树人"的最终目标。托管团队还积极创设生动的育人环境，组织学生参加文化艺
术、体育、科技等23项第二课堂活动，达到以美壮志、以体强志、以劳励志、
以志育德的育人目的，全面提高学生的综合素养。

随着"志行健体"第二课堂教学的推进，石排东翔学校的足球兴趣小组队
伍迅速壮大。在托管团队的指导下，石排东翔学校积极探索校园足球教学模式，
经过不懈的努力，该校被评为"广东省校园足球推广学校""全国青少年校园足
球特色学校"。如今，学校已经出版了《志行足球》校本教材，并形成了浓郁的
校园足球氛围，"班班有球队，月月有比赛，人人一只球，班班有足球口号，班
班有足球队名"已经成为石排东翔学校的一张名片。

2019—2021年，石龙三中已经在石排东翔学校开展了两年的托管探索与实
践，在"志行文化"的浸润下，石排东翔学校教育教学质量稳步提升，家校工
作打开新局面，成为一所被社会认可，让家长、学生、老师满意的学校。

通过托管帮扶工作，石龙三中的品牌得以最大限度地发挥教育影响力，擦亮
了品牌学校的金字招牌，为促进学校优质均衡发展助力，为东莞市实现高质量发
展和建设"湾区都市、品质东莞"担起品牌学校的责任。正如刘彭芝所言："促
进教育均衡发展需要一批引领者、开拓者，如果全国的优质学校都能有所作为，
星星之火就会形成燎原之势，教育均衡发展的绚烂明天也就不会遥远。"①

（三）幸福三部曲

石龙三中基于幸福教育品牌，正在努力打造"幸福三部曲"模式，包括幸

---

① 刘彭芝. 促进教育均衡发展优质校要带头［J］. 基础教育改革动态，2014（8）：
17－18.

福论坛、幸福大讲堂、幸福联盟，通过分享、讲授、合作等形式传播幸福教育的思想、经验等。

第一，幸福论坛。首先，参加社会机构的教育论坛活动。如 2019 年 7 月，笔者参与第十届中国班级文化论坛，以《教育：成就幸福人生》为题做演讲；2021 年 4 月，笔者应邀参加光明日报《教育家》杂志线上圆桌论坛，通过社会性论坛，分享石龙三中办学经验和校长思想，提升学校的知名度和美誉度。其次，学校与北京大学教育学院等顶尖研究机构合作，定期举办幸福教育论坛，致力于打造在全国教育界具有影响力和美誉度的高端论坛。

第二，幸福大讲堂。学校举办幸福大讲堂，定期邀请学术名家及对幸福有深刻理解的人士给师生带来讲座。时机成熟时将幸福大讲堂搬到校外，在造福市民的同时，将石龙三中幸福大讲堂打造成为东莞知名的文化教育品牌。

第三，幸福联盟。在品牌学校发展到一定程度后，学校将广泛联系省内外有志于发展幸福教育的中小学，共同成立中国幸福教育联盟，共同探讨幸福教育的未来，不断拓宽幸福教育的广度和深度。

（四）联动社会

石龙三中积极建立学校、家庭、社会三结合育人网络，加强社区联系，实行社区驻校制度，聚合家校和社区教育资源，融入社区，扩大品牌学校的辐射影响力。组织学生开展一系列幸福志愿入社区等服务活动，让学生融入社区的志愿服务，培养学生的社会责任感与集体感。

第一，车站志愿服务活动。为丰富青少年社会实践经验，提升个人精神素养，以帮助他人、奉献爱心的方式促进和谐社会的建设，学校与火车站、地铁公司合作，组织学生进行志愿活动。例如，学生在春节期间，在地铁口为进出站有困难的人们提供帮助；在春运便民服务站，热心为乘客指明方向、解决问题。

第二，社区志愿服务。如敬老院关爱活动，组织学生到东莞市石龙镇中山东社区帮老人们打扫卫生；创建文明城市志愿活动，如在东莞市石龙镇中山公园路口及金龙路口协助交通管制。

第三，医院志愿服务。学生通过帮助医护人员做一些力所能及的工作（如学生可以提供前台查询服务、提供方位指导），体验医护人员的不容易，更好地培养学生的社会责任感与参与感，同时给学生上一堂生命教育课。

除了积极鼓励学生参与社会志愿活动外，学校党员教师也积极发挥榜样作用，参与社区"爱心献早餐"活动、支援辖区内核酸检测工作等。近年来，石龙三中师生参与各级各类志愿服务活动数十次，为所在社区的精神文明建设添砖加瓦，学校获得了社区、火车站、镇团委等相关部门、居民的普遍认可。2021年3月，石龙三中荣获"石龙镇优秀志愿服务集体"称号。

二、传媒传播

学校品牌关乎学校的对外形象，品牌推广是学校品牌建设的延伸，也是品牌管理的一个重要环节。传媒作为对外宣传的关键渠道，是学校提升媒体传播效力、重塑学校品牌形象的重要抓手。学校合理、适当地利用不同媒介传播的力量，有助于改善学校在外界的舆论环境中的形象，扩大学校品牌的影响力。

当下，学校可以利用的媒介渠道包括新闻媒体和自媒体，新闻媒体如报纸、电视台、教育期刊、广播、新闻网站等；自媒体如学校官方网站、微信公众号平台、短视频 App 平台、微博平台等。这些媒介渠道能够利用文字、图片、声音、视频等多样化的形式，增强传播的社会记忆。品牌学校的传播应引导社会公众正确认识本校的教育教学实践过程和成果，通过传媒技术全方位地让大众了解学校，提升学校的社会知名度、信誉度和赞誉度。

正所谓"谋定而后动"，由于利用传媒进行品牌传播的宣传工作属于学校的品牌管理事项之一，是学校思想教育工作的一部分，学校必须合理安排好这项工作，对人员架构、宣传方向、内容与流程等细节进行规划和要求，这样才能使得宣传工作有序、有质、有底。例如，石龙三中制订了《石龙三中宣传工作实施方案》，涵盖宣传工作小组架构、宣传工作内容和途径、工作要求和流程、工作考核和奖励机制等内容，确立通过广播、电视、报纸和自媒体平台构建宣传矩阵的工作思路，并选拔了一批写作功底扎实、能力素质高的教师组建学校宣传工作小组。石龙三中自开展品牌化办学以来，充分调动社会资源，通过不同渠道发起宣传攻势，让更大范围的受众记住石龙三中，读懂幸福教育。

学校利用传媒进行传播，旨在通过多角度、多层面、多渠道，广泛、深入、全面地反映学校的教育教学情况，宣传学校的办学特色，以增进社会和家长对学校的了解。具体有哪些内容呢？笔者结合实践经验，总结了以下三个方面。

一是校园传真。及时报道校园内新近发生的新闻事件，如学校常规重点工作、重大会议、校园特色活动、学校新闻动态；学校有关管理与发展的内容、教育教学工作、教师队伍建设、教研活动、师生培训等。

二是教育资讯。结合省、市教育局安排的各类教育主题，通过对教育单元主题的深度挖掘和集中展示，呈现新形势下学校深化改革、提升办学质量的态势。

三是教育形象。以简洁的画面和凝练的语言，诠释学校教育秉持的思想和理念，塑造积极正面的教育形象。如以学校、教师、学生个体为单位，讲述学校及个人成长、发展的故事，或对学校历史、人文、风景、校园新貌的抒怀感悟，或对教师成长、读书、教育教学体会、人生思索的抒怀哲思；展示师德高尚、爱岗敬业、业务精湛的典型教师人物、典型事例风采，或展现学生的新风貌、新风尚。

（一）新闻媒体

1. 利用各级媒体进行报道

融媒体时代下，融媒体矩阵"三微一端"① 或传统媒体与新兴媒体全面融合的改革，改变了从前"一对多"的单向信息输出方式，满足了受众使用移动设备进行"浅阅读"与"轻阅读"的需求。通过"线上＋线下"的联合模式，能够使宣传报道在更大范围内得到更便捷地扩散。在这种信息传播潮流中，学校可以充分运用新的媒体传播优势，积极宣传学校的品牌文化、校园动向等内容。

以石龙三中为例，学校与省、市、镇级新闻媒体建立常态化联系，持续、全方位地报道学校幸福教育建设成果。据统计，近年来，学校每年主动推送新闻达400 条，各省、市、镇级新闻媒体，如《南方日报》、"南方＋"、广东新闻台、岭南 24 小时、石龙融媒体中心、东莞慧教育等对学校幸福教育、课堂改革、校园活动、师生等相关内容报道 100 多次。如《南方日报》的《石龙三中从"四差"学校到"六好"学校》、"南方＋"的《治校观察丨全面融入石龙三中教育集团，两年托管迎来"新东翔"》等。据不完全统计，仅 2021—2022 年，各级媒体上与学校有关的内容就达 50 多篇，表 4－1 为部分展示。

---

① "三微"即微博、微信与微视频，"一端"即新闻客户端。

表 4 - 1 2021—2022 年部分新闻媒体报道

时间	媒体平台	标题
2021 年 4 月 23 日	腾讯新闻	石龙三中品质课堂亮相《教育家》杂志线上圆桌论坛
2021 年 4 月 30 日	南方 +	治校观察丨全面融入石龙三中教育集团，两年托管迎来"新东翔"
2021 年 5 月 8 日	腾讯新闻	石龙三中品质课堂展示交流活动圆满举行
2021 年 5 月 13 日	宜居石龙	湛江经济开发区中小学校长行政能力提升研修班在石龙三中开班
2021 年 5 月 14 日	腾讯新闻	全面融入石龙三中教育集团，两年托管迎来"新东翔"
2021 年 5 月 18 日	腾讯新闻	石龙三中在 2021 年广东省中学生田径冠军赛喜获佳绩！
2021 年 6 月 23 日	腾讯新闻—雄旭传媒	"擂战鼓　送祝福　温誓言"——东莞市石龙三中校长进班级赠送"中考祝福小礼包"
2021 年 7 月 3 日	南方 +	治校观察丨强强携手，石龙三中教育集团打造"九年一体化"育人样本
2021 年 7 月 8 日	南方 +	特写丨特长 + 文化 = 更好的未来，石龙三中体育生考上省重点
2021 年 7 月 8 日	腾讯新闻—雄旭传媒	构建"三维课堂"教学模式　整校推进提升工程 2.0
2021 年 7 月 8 日	腾讯新闻—雄旭传媒	东莞市石龙三中杨森林校长获评省百千万初中名校长培养对象
2021 年 7 月 8 日	腾讯新闻—雄旭传媒	东莞市石龙三中多名班主任案例获评石龙镇全国规范化家长学校系列教案二、三等奖
2021 年 7 月 10 日	腾讯新闻—蓓蕾资讯	东莞市石龙三中"品质课堂"再结硕果！

（续上表）

时间	媒体平台	标题
2021 年 7 月 16 日	腾讯新闻—雄旭传媒	自豪！东莞市石龙三中校友温丽君保送北大直读博士！
2021 年 7 月 20 日	《东莞时报》—i 东莞	石龙三中俩体育生被省重点中学录取
2021 年 8 月 17 日	学习强国	校长论坛｜如何推动课堂建设有效实施？——教育家杂志
2021 年 8 月 26 日	今日头条—《南方都市报》	东莞首宗以大型实物形式捐建的教学大楼动工
2021 年 9 月 7 日	《南方日报》	石龙三中从"四差"学校到"六好"学校
2021 年 9 月 7 日	《教育莞家南方号》	治校观察｜石龙三中：从"薄弱学校"到"首批品牌学校"的关键密码
2021 年 9 月 8 日	《教育莞家南方号》	治校观察｜石龙三中：教育信息化为"省级示范校"助力
2021 年 9 月 9 日	《教育莞家南方号》	治校观察｜石龙三中："幸福教育"迎来厚积薄发
2021 年 10 月 4 日	宜居石龙	石龙教育　品质课堂｜石龙三中：辛勤耕耘创佳绩　幸福教育续辉煌
2021 年 11 月 8 日	宜居石龙	官方发布—石龙要闻：岁月如歌谱华章　石龙三中举行建校 44 周年庆祝大会
2022 年 3 月 17 日	《教育莞家南方号》	护眼健身两不误，石龙三中原创《宅家健身操》受师生家长点赞

　　近年来，与各级媒体保持良好沟通和合作使得石龙三中的品牌得以更广泛地传播，不管是网络平台还是线下媒体平台，社会各界人士都能够很方便地浏览到石龙三中的相关信息，从而了解、记住石龙三中。闫德明认为："学校的办学主张、发展规划、改革举措，需要得到公众的理解和支持，而公众对学校的感受、

评价、建议，是学校品牌建设的重要决策依据。"① 也就是说，学校品牌其实是一种校本塑造和公众认知下的产物，公众在学校品牌的培育与传播过程中占据一定的地位。因此，利用各级媒体进行报道，核心在于通过媒体这一载体与公众进行"交流"，让公众可以多方面地了解学校，形成良好的口碑，同时为品牌学校的培育赢得更多的发展机遇。

2. 借助学生记者队伍的力量

近年来，越来越多的学校、地方组建学生记者队伍，让其加入校园宣传工作行列。学生记者的青春活力、朝气蓬勃成为校园宣传建设中的一股清风，学校品牌在无形中经由学生记者得到传播。

一方面，一些报社、杂志社开展"校园记者站"活动，与学校共建学生记者队伍。例如，南方报业传媒集团打造的"南方报业校园记者站"，与入驻学校共建校园记者站，协助学校培养"校园导师"和学生记者，入驻学校的活动和学生记者的作品可登上"南方＋"客户端首页，让更多学校资讯得到流量曝光；茂名日报社全媒体学生记者队伍是茂名市中小学的一个独特品牌，茂名市有 52 所学校被授予了"茂名日报社全媒体学生记者站"牌匾。据报道，2020 年，学生记者在《茂名晚报》《茂名日报》共刊发习作 700 多篇，在网络新媒体发表稿件 1 000 多篇。② 又如，2021 年，《山东教育报（中学生）》校园记者站落户济南市天桥区 8 所中学，为挂牌学校的宣传工作搭建了广阔平台，以充分展示济南市天桥区各学校良好的校园文化与积极向上的学子风貌。在这一趋势下，学校可以抓住共建时机，在为学生搭建参与社会实践桥梁的同时，加深与报社媒体的连接与合作。

另一方面，一些学校在进行品牌化办学时会借助本校校园记者团的力量，通过学生记者讲好校园故事、传播校园声音，为学校新闻宣传工作贡献青春力量。如江西省吉水中学于 2015 年 10 月成立校园记者团，在册学生记者 200 人，到 2017 年，其在省、市、县、校级的纸质、网络媒体发表新闻作品 120 余篇次。校园记者团在新闻活动中获得的一批批成果，让学校赢得良好的社会声誉，被江西

---

① 闫德明. 学校品牌的含义、特性及其创建思路 [J]. 教育研究，2006（8）：81 - 83.
② 陈莹莹. 40 名小记者获奖　52 个全媒体学生记者站成立 [EB/OL].（2022 - 03 - 22）[2022 - 04 - 28]. http://static. nfapp. southcn. com/content/202103/22/c4981376. html?group_id = 1.

省教科所列为省级基础教育教学成果。①

3. 学校品牌成果发表或出版

将品牌学校的办学经验、成果物化，是学校品牌宣传的一大手段，可以通过发表期刊作品、出版专著的途径来推广和提升学校的品牌影响力。

首先，发表期刊作品。如石龙三中自 2018 年以来，在各级各类报纸、期刊上发表幸福教育相关成果文章、论文 10 余篇，办学成果登上中国知网，并发表在《学校文化》《广东教育》《南粤校长》《东莞教育》等期刊。其中，具有代表性的有：2019 年 10 月，《学校文化》刊载论文《打造幸福教育，奠基幸福人生——东莞市石龙第三中学幸福教育品牌培育路径探索》；2021 年 5 月，由中国知网收录的广东省一等奖论文《品牌建设：教育信息化提升工程 2.0 背景下学校优质发展之路》；2021 年 6 月，《广东教育（综合版）》刊载论文《办一所成就幸福人生的学校——东莞市石龙第三中学》。

其次，出版专著。例如北京十一学校校长李希贵，出版了多部专著，如《学校如何运转》《学生第二》《面向个体的教育》《学校转型：北京十一学校创新育人模式的探索》，深度剖析北京十一学校的改革，既让读者更加了解北京十一学校的课改实验、学校文化等，让学校品牌在全国范围内得到了更加广泛、深刻的传播，又通过纸质载体记录下北京十一学校的改革历史，对学校的品牌传播与传承都起着非常重要的作用。此外，学校还接受了《中国教育报》记者长达四年的跟踪采访，最终记者完成了《中国教育寻变：北京十一学校的 1 500 天》一书，通过旁观者的视角回答了社会各界对北京十一学校课程改革的各种疑惑。

（二）自媒体

在过去，学校品牌的传播主要通过传统媒体（如报纸、广播、电视）或者人们的口耳相传，但在"互联网＋"时代，信息化已渗入人们生活的各个方面，为扩大学校品牌的传播力提供了更好的渠道。如今，自媒体如校园网客户端、微博、微信公众号平台、视频号等，成为网民获取新闻、人际交往、自我表达、参与社会的重要媒介。建设品牌学校要重视信息传播，将目光投放至媒体与人之间

---

① 邓乐忠. 中学校园记者团的报道内容界定及其实践：以江西省吉水中学校园记者团为例［J］. 文艺生活（文海艺苑），2017（12）：260－261.

的联通性上。

自媒体作为一种内容生产与社交相结合的媒介，是提升学校品牌竞争力的有力工具。与传统媒体相比，自媒体在时效性、互动性、社交性、可读性方面具有很强的、不可比拟的作用，能为学校品牌的推广助力。例如，襄阳四中初中部（金源中学）以"学校建设与新媒体建设同步"的工作思路打造学校品牌，在2017年和2018年校园艺术节开幕式上采用微信平台现场直播的方式，不到两小时得到7万多人的"点赞"①，使得该校校园艺术节得到了一定范围的传播。又如林肯中学的推特（Twitter）从2013年6月到2015年11月共发布推文766篇②，内容以生活服务、校园活动为主，主要受众为学生；其脸书（Facebook）主要发布招生宣传短视频，用于介绍学校的整体情况，让社会各界通过短视频了解学校。

尽管当前大多数中小学都采用自媒体的方式宣传报道学校相关内容，但实际上，许多中小学在自媒体传播方面仍存在一定的问题，导致自媒体传播学校品牌形象处在初级的阶段。一是内容同质化严重，形式偏传统，不能充分发挥新媒体作为媒体属性的传播效力；二是没有结合学校特性和教育行业的属性，内容营销痕迹过重；三是疏于维护，更新时间间隔太长或者更新过于频繁；四是没有根据传播受众的特点确定不同的传播策略；五是对舆情传播规律摸不着头绪。

因此，学校利用自媒体进行网络品牌管理时，应提前规划好以下几个方面：第一，确定受众定位，传播符合受众需要的内容，增强粉丝黏度。如面对家长群体，可根据入学的时间节点，发布"如何帮助孩子做好入学准备"等内容。第二，制订平台设计和宣传方案，突出传播内容与学校之间的品牌性、专业性、个性化。自媒体平台不可盲目地"为了宣传而宣传"，而是要有针对性，内容对学校、受众要有价值，要把握适度性。第三，建立新媒体团队，可以由教师、学生共同参与。第四，定时进行平台维护。学校品牌一旦建立，就需要定时维护，特别是对学校舆情的监测，保持品牌形象的稳定。

从石龙三中教育集团成员学校的微信公众号平台建设情况来看，三所学校的

---

① 王祖泽. 新媒体助力学校文化和品牌建设［J］. 湖北教育（政务宣传），2018（8）：17－18.

② 曾凡斌，陈荷. 社会化媒体下的学校品牌管理［J］. 宁波广播电视大学学报，2016（3）：6－11.

共同点在于都采取了在文章的标题加入学校核心文化，如石龙三中的"幸福教育"、石龙镇中心小学的"容慧教育"、石龙镇中心小学西湖学校的"树人教育"，达到强化受众对学校文化认知的目的。在内容上，以石龙三中微信公众号平台为例，学校从2018年至今发布推文近700篇，主要分为校园新闻、课堂教学、社团活动、师生风采、家校合作、安全提醒几大主题，包括总结、提炼经验性的内容，成为"学校—家长""教师—教师""学校—社会"之间互动、沟通的良好渠道。

宣传工作是学校思想教育工作的重要组成部分，准确把握新形势下宣传工作的特点和规律，打造一个互动、交流、传递正能量的宣传矩阵，对增强学校核心竞争力、发展校园人文氛围、提升学校品牌形象、提高社会影响力都有十分重要的作用。然而，不论采用什么样的传媒传播方式，品牌学校的培育要始终秉承教育初心，铭记学校是教育的主阵地，教育教学始终是学校工作的核心，要以提升办学质量、坚持立德树人为己任。任何一种传媒传播方式都只是辅助的手段，不可"捡了芝麻，丢了西瓜"。所以，学校在利用传媒手段传播品牌时，在媒体选择、内容制作、时机把握和受众分析等方面要考虑教育的特性。要注意几点：第一，经济成本的控制。一些宣传方式需要投入一定的经费，学校要做好规划，控制好宣传经费支出在学校总支出的占比，避免学校其他方面的经费不足。第二，人力成本的衡量。一般来说，绝大多数的学校不会专门招聘宣传工作者，宣传工作落在由教师组成的编辑小组身上。而教师的主要职责在于教书育人，这就要学校管理者进行人力成本的衡量，譬如制定不同宣传渠道的人员安排、教师补贴方案等。第三，风险评估与舆情处理。任何一种传媒传播方式都有潜在的风险性和突发性，因此学校必须在前期做好信息内容审核工作，突发事件发生时做好网络舆情的应对与处置工作，完善危机应对机制。

当下的宣传平台与形式多种多样，参考其他学校的经验并非生搬硬套，学校必须结合本校的实际情况，合理利用各大宣传平台和媒介形式，选择适合的宣传形式。只有走出适合本校的品牌传播道路，才能将学校品牌推广效力最大化。

附　录

石龙第三中学教育集团：高位发展教育信息化
打造小初九年一体化优质育人模式①

今年8月，组建刚满一年的石龙第三中学教育集团被东莞市教育局认定为"市级优质教育集团"。石龙第三中学教育集团是镇内"名校＋分校"的"托管型"组建模式。集团学校包括石龙第三中学（龙头学校）和两所分校——石龙镇中心小学、石龙镇中心小学西湖学校。一年多以来，该集团以核心循环教学法的翻转课堂教学模式和市第一批品牌学校为抓手，通过共同体项目引领、工作坊教研指导和2.0专家团队进校指导"三步走"，推进集团内成员学校"三位一体"发展，形成了"一校一品"的格局。

值得一提的是石龙第三中学教育集团的"三位一体"发展，"三位"是指高位发展教育信息化、高位发展学校品牌文化、高位发展教师专业成长。"一体"是指打造小初九年一体化优质育人模式。在集团化办学进程中，石龙第三中学教育集团根据成员学校的实际发展需求和托管项目协议，以"团队建设""师资建设""品牌建设""慕课建设""资源建设"和"社团建设"等六个方面为抓手，开展集团化办学相关工作。

那么，石龙第三中学教育集团在推进教育信息化，打造集团特色的"三步走"中是如何落地实施并收获成效的呢？小编这就为大家一一解码。

一、共同体项目引领，高位发展教育信息化

在石龙第三中学教育集团中，龙头学校和成员学校以契约为纽带，根据成员

---

① 载于2021年11月的《东莞教育》。

学校品牌文化、翻转课堂、教师专业成长等需求和协议，明确各方责、权、利。龙头学校石龙第三中学是广东省教育信息化教学应用创新实践共同体项目牵头单位，该校以共同体项目引领集团内学校高位发展教育信息化。石龙第三中学引领共同体成员单位石龙镇中心小学、石龙镇中心小学西湖学校、石排东翔学校、东坑东晋实验学校等四所学校，开展慕课研究和翻转课堂教学实验，分享基于"核心循环教学法的翻转课堂"教学模式。

开启集团化办学初期，石龙第三中学向两所成员学校派出管理团队和骨干教师团队，通过输出品牌、学校管理、翻转课堂教学模式、教育资源，开展教师共同研训、校际互动交流等方式，整体提升成员学校的办学水平，构建了学校品牌文化体系。其中，石龙第三中学形成"幸福教育"文化，办一所成就幸福人生的学校；石龙镇中心小学形成"树人教育"文化，让每一个学生像小树一样茁壮成长；石龙镇中心小学西湖学校形成"容慧教育"文化，书绘华彩，容慧童心。

一年多以来，在集团龙头学校石龙第三中学优质教育资源辐射和办学经验指导下，各成员学校扎实推进教学常规工作，深入开展课堂改革，落实集体备课，呈现出浓厚的教育科研氛围。同时，集团完善和落实教学过程监督、教学质量监测、教学成绩分析、教学考核评价等制度，全面提升了集团内各学校的教育教学质量。

二、工作坊教研指导，高位发展教育信息化

龙头学校石龙第三中学充分发挥专家资源优势，以工作坊教研指导集团内学校高位发展教育信息化。在集团化办学初期，石龙第三中学就派驻冷芬腾研究团队到两所成员学校，并成立"莞式慕课教学研究工作坊"，开展常态化教学研讨交流活动，将本校成熟的课堂教学模式——以学生为中心，基于翻转课堂深度学习的"三维课堂"，顺利引入成员学校并开发新的适合小学阶段的翻转课堂教学模式，推动小初一体翻转课堂教学模式研究。

集团化办学以来，石龙第三中学冷芬腾研究团队指导两所成员学校探索出适合本校实际的翻转课堂模式，实现翻转课堂教育的小初一体化衔接，推进教育信息化共同发展。如今，石龙第三中学教育集团两所成员学校信息化发展迎来高光

时刻：石龙镇中心小学打造了"一核三环九步"树人课堂模式，推进学科教学与信息技术融合，实现教与学的提质增效；石龙镇中心小学西湖学校构建了国家基础课程＋自选拓选课程＋校本特色课程的"1＋X＋1"课程体系，形成"专业引领、同伴互助、自主成长、特色见长"的教育模式。

三、2.0 专家团队进校指导，高位发展教育信息化

龙头学校石龙第三中学充分发挥广东省中小学教师信息技术应用能力提升工程2.0试点校优势，打造了一支专业水平高、师资力量雄厚的2.0专家团队，成员包括省名师、省百千万名师培养对象、南粤优秀教师、市教学能手，全面指导成员学校开展教育教研和校本研修活动，助力成员学校高位发展教育信息化。

一年多以来，石龙第三中学教育集团的2.0专家团队，一方面通过参与省内外校际学习、交流和教研，不断提升团队战斗力；一方面及时有效地传授经验，指导各校以学生为中心，积极探索能力提升工程2.0背景下学校优质发展之路。这样的探索，不仅改变了石龙第三中学的教学生态，更引发了一场学校的课堂革命。"三中模式"从集团内拓展到整个石龙镇，实现了石龙镇的翻转课堂教学从初中到小学、从公办到民办的全学段覆盖。

通过集团化办学，龙头学校石龙第三中学的基于"自学—助学—悟学"深度学习的"三维课堂"教学模式日趋成熟，已成为引领学校品质课堂建设的核心。该校紧抓信息技术2.0发展机遇，御风而上，今年拿下了东莞市首批"品质课堂""广东省科技创新教育实验学校""广东省中小学教师校本研修示范学校"等几块省市级金字招牌。

一年多以来，集团吸引了来自全国各地百余批次的交流团前来开展2.0校本研修交流活动，集团化办学经验、2.0建设经验更是频频亮相全国。石龙第三中学教育集团已跃然成为全市乃至全省的信息化高地，是发展潜力无限、示范引擎动力十足的市级优质教育集团。

广东省东莞市石龙第三中学主要荣誉 （2017—2022 年）

序号	获奖项目	授予单位	授予时间	级别
1	广东省青少年科学教育特色学校	广东省科学技术协会、广东省教育厅、广东省科学技术厅	2017.01	省级
2	东莞市依法治校示范校	东莞市教育局	2017.07	市级
3	东莞市中小学心理健康教育特色学校	东莞市教育局	2017.12	市级
4	东莞市文明校园	东莞市精神文明建设委员会	2017.12	市级
5	广东省大学生实践教学基地	广东省教育厅	2018.06	省级
6	广东省基础教育信息化融合创新示范培育推广项目学校	广东省教育厅	2018.08	省级
7	广东省财经素养教育实践研究课题学校	广东省教育研究院	2018.11	省级
8	广东省依法治校示范校	广东省教育厅	2019.02	省级
9	东莞市第一批品牌学校	东莞市教育局	2019.03	市级
10	东莞市中小学（幼儿园）见习教师规范化培训第二批基地学校	东莞市教育局	2019.03	市级
11	东莞市书法教学基地	东莞市硬笔书法协会	2019.07	市级
12	全国班级文化建设先进学校	中国班级文化论坛组委会、华中师范大学学校文化研究中心	2019.07	国家级
13	2019 年广东省中小学信息化中心学校项目建设校	广东省教育厅	2019.08	省级
14	广东省教育信息化教学应用创新实践核心循环教学法下的智慧课堂共同体项目校牵头单位	广东省教育厅	2019.12	省级

（续上表）

序号	获奖项目	授予单位	授予时间	级别
15	中国财经素养教育协同创新中心实验基地	中国财经素养教育协同创新中心	2019.12	国家级
16	广东省中小学教师信息技术应用能力提升工程2.0试点校	广东省教育厅	2020.07	省级
17	广东省写字教育名校	广东省硬笔书法协会	2020.08	省级
18	石龙第三中学教育集团	东莞市教育局	2020.08	市级
19	广东省科技创新教育实验学校	广东教育学会科技教育专业委员会、湾区（广东）教育研究院	2021.03	省级
20	广东省中小学教师校本研修示范学校	广东省教育厅	2021.03	省级
21	广东省象棋特色学校	广东省象棋协会	2021.04	省级
22	东莞市首批中小学（幼儿园）"品质课堂"实验学校	东莞市教育局	2021.07	市级
23	广东省绿色学校	广东省教育厅	2021.07	省级
24	市级优质教育集团	东莞市教育局	2021.07	市级
25	广东省文明校园先进学校	广东省教育厅	2021.08	省级
26	广东省信息化中心学校建设成效优秀学校	广东省教育厅	2021.12	省级
27	东莞市信息化实验学校	东莞市教育局	2021.12	市级
28	广东省人工智能实验学校	湾区（广东）教育研究院	2022.03	省级
29	全国写字教育示范学校	中国硬笔书法协会	2022.08	国家级